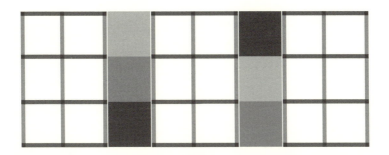

教育の知恵60

教師・教育者を励まし勇気づける名言集

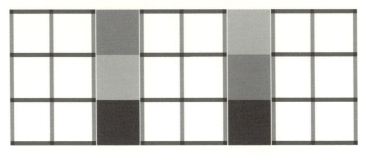

大沢 裕［編著］

一藝社

まえがき

現代は、価値多様化社会と呼ばれる。つまり何が「重要」で何が「基準」なのかが判然としない時代である。その渦中にあって、自分が頼りとする支え、いわゆる精神的な支柱を見つけたいと思っている教育者は多いのではないだろうか。本書はまさに、その人たちのために編まれたものである。古代から現代までの歴史に名を残した偉大な教育家たち六十人の言葉（名言）を紹介している。おそらくその六十人については、教職につくために教育学を学んだ人なら、誰でも知っている人物ばかりである。

ここでは、一人の人物につき一つの言葉を取り上げ、やさしく解説している。取り上げた言葉は、教師・教育者を励まし、勇気づけるものを厳選したものである。

六十人の言葉は、教育家の年代順ではなく、現場の教育者の手引きになるような区分で配列してある。すなわち、「学ぶこと」から始まり、「教師として」、「教育とは」、「子どもを知る」、「教育するコツ」、「行き詰まり」、「己を磨く」、「教養へ」といった八つの区分である。また各教育家の名言の前には、読者が理解しやすいように簡単な標題をつけてある。必ずしも最初から通して読まなくても、「もくじ」に目を通し、ご自身の興味のある標題のところから読んでも何ら支障がないように工夫してある。また、世界的な教育家の生きた時代は、巻末の年表から一覧で理解することができる。

おそらく本書を通読した読者は、教育に対するものの見方が、いかに幅広く、かつ一様ではないかということ、また教育家は皆一様に、教育の理想に向かって不屈の努力をしていることを知るだろう。

ここに登場する教育家は、一人の例外もなく、真摯に教育に取り組み、教育の問題を真正面から解決しようとした偉人たちである。本書に触れることで、その人物の思いを肌で感ずるように、実感として知ることができるだろう。

本書は、原聡介先生（東京学芸大学名誉教授）の着想から生まれた。

「意気消沈しがちな、疲弊した現代の教育現場の先生方を鼓舞・激励する書籍はできないだろうか。教育に人生を捧げた教育家の言葉を集めた啓蒙書があれば、現場の先生方の精神的な支柱になるのではないか」。

そのようなアドバイスを頂き、編著者だけでなく、今後の教育界に多くを寄与するであろう有志たちが、共感し筆をとることになった。

本書を手にとった現場の先生方が「こんな言葉があったのか。自分も、この偉人のように歩んでみたい」と思っていただけたなら、本書の意図は達成されたことになる。

最後に、本書に関し何か不備があるとすれば、ひとえに編著者の力量不足によるものである。よりよい内容にブラッシュアップするためのご批判、ご指摘を頂ければ、誠に幸甚である。

平成三十年十二月

編著者　大沢　裕

教育の知恵60・もくじ

III　教育とは――47

I 学ぶこと

1　何のために学ぶか

学の道たる、おのれが才能をひけらかして人を屈するゆえんにあらず。
人を教育して同じく善に帰せんと欲するゆえんなり。

（吉田松陰『講孟箚記《こうもうさっき》』より）

右の言葉は、学ぶということは、自分の優秀さを他人に見せつけ、その人たちを支配するために行うものではない。学びあう者たちが、ともに善悪判断ができるように向上するためにある、という意味である。

近年、いわゆる偏差値の高いと言われる大学出身者や学生たちが、あたかもすぐれた人格であるかのごとくに登場するテレビ番組などが、目立つようになった。けれども、所定の時間の中で、マークシートに的確に解答できる人物が優れた人格者だと保証するものではないことは、誰でも容易に理解できる。確かに、多くの知識を持ち、卓越した技術を持つことにより、世の中において傑出し、出世する人たちも少なくない。しかし、そうした人々があたかも優れた人格を持っているかのように安易に考える風潮を、もし吉田松陰がかいま見たら、「笑止千万」とあきれ果てたに違いない。

そもそも学ぶことにはどのような意味があるかを、吉田松陰は、この言葉で問いかけている。ましてや他人を支配する道具が学問であるというのは、全くの誤解であり、恐ろしい錯覚である。

吉田松陰にしたがえば、学問をすることは、良心を磨く手段である。私たちは、学ぶことにより、ますます正しい善悪判断を身につけ、実行できる人間となるように自己を磨かなければならない。

同時にまた、学ぶことで、お互いに励ましあわなければならない。つまりは、学ぶ中で、お互い影響を与えあい、よりよい生き方へと高めあうことが重要である。もちろんひとりで学んでいるだけでは、それを実現することは難しい。吉田松陰の学問の場は、そこで学びあう者がともに切磋琢磨《せっさたくま》する場であった。彼の「松下村塾」は、まさにそうした教育施設であった。

私たちは、しばしば、学習と学問とを分けて考えがちである。学習は子どもたちがする勉強のこと、学問は主として、高等教育を受けた者が研究的に行うこと、というように。しかし本来、学問と学習とは、何かあるものを「学ぶ」という点では、同じ根を持っている。

吉田松陰は、『講孟箚記』の別の箇所では、「凡《およ》そ学をなすの要《よう》は己《おのれ》が為めにするにあり。己が為めにするは君子の学なり」とも述べている。つまりここでも彼は、学問は、自分自身のためにするものだと主張している。学問は、自身の人生のためにするもので、有徳の人がするのが学問だ、と言っているのである。けれども、吉田松陰は、人生に利益を与える学びであれば、それがすべて学問だと考えていたわけではなかった。彼は、学問を立身出世のための道具とすることからは、きっぱりと距離を置いていた。

◆吉田松陰（1830-1859）明治維新の精神的指導者のひとり。政治思想家であり教育者。長州（山口）の藩士であり、萩に私塾の松下村塾を開いた。ここからは、伊藤博文、山県有朋等の人物を排出した。彼は、儒教思想なども重んじたが、常に最新の情報収集で将来に備えよと、塾生たちに呼びかけた。安政の大獄期に、密航の取り調べを受け幕府の重臣を暗殺する企てをしたと自白したため、処刑された。『留魂録《りゅうこんろく》』も知られている。（大沢　裕）

2　「生きる力」を育む学び

「生きる力」を育む学習活動とは「社会的環境の中で行われる全精神を打ち込んだ、目的ある活動」である。

（キルパトリック『プロジェクト法』より）

教育のカリキュラムは、大別すると、教育内容を重視した学問中心カリキュラムと、学習者を中心とした学習者中心カリキュラムがある。学問中心のカリキュラムでは、教えるべき教科の内容や教材が中心になる。それに対して学習者中心のカリキュラムは、学習者の興味・関心が中心となる。この学習者中心カリキュラムを確立したのがキルパトリックである。彼は、経験や活動を中心とした学習法を提唱した。

キルパトリックは、学ぶ者が主体的に考え、行動することによってこそ学習が成立すると考えた。つまり生活経験のような学習を提唱した。彼は、カリキュラムを組織するには、学習者の興味、関心、要求が中心でなければならないとし、子どもたちによる自主性、主体性を中心に展開する学習法を開発した。それが「プロジェクト・メソッド」である。プロジェクト・メソッドの段階は、四つからなる。①目標設定、②計画、③実行、④判断である。主な教育の内容としては、例えば制作活動、芸術鑑賞、知識や技能の習得などが幅広く取り入れられた。プロジェクト・メソッドのメリットは、学習者の主体的な活動が展開されるので、一定の学習効果が期待されることにある。キルパトリックによれば、プロジェクト・メソッドによって、変化の著しい社会における教育に対応することができるようになる。また個々の問題に積極的に取り組み、問題を解決、克服できるように子どもたちを導くことができる。

そのためこの方法は、子どもたちが取り組む活動について、彼ら自身がその重要性を認識し、プロジェクト（計画）の達成に向けて、全力で努力し、工夫し、働きかけていく。そしてそのことにより、自分自身をコントロールできる能力が育成される。つまり、プロジェクト・メソッドというのは、教師が教えていることをきっかけとしつつも、それとは別に子どもたちが感じたこと、思ったことによって成立する、もう一つの学習を期待する。その学習は、「付随学習」と呼ばれた。キルパトリックは、この学習によって、子どもたちの人格形成や道徳といった自己統制能力の形成を期待したのであった。キルパトリックは、自己実現ができる人間には、自己を統制する能力が必要不可欠だと考えている。子ども自身が生きる目的を自覚し、その実現に向けて努力し、自己研鑽《けんさん》する生き方を身に付ける方法として、プロジェクト・メソッドを提唱したのである。

「生きる力」を標榜《ひょうぼう》して久しいわが国の教育（施策）であるが、その理想に応えるための方法として、プロジェクト・メソッドが重要であることは言うまでもない。しかし、実際の学習活動の中で、キルパトリックが目指した自己統制力の育成まで、子どもたちを高めていることが出来ているだろうか。子どもたちに考えさせておけばよいという短絡的な学習ではなく、全身全霊で取り組める学習こそが、今求められているのである。

◆キルパトリック（William H. Kilpatrick：1871-1965）1891年マーサー大学卒業後、ジョンズホプキンズ大学で修士号を取得、ジョージア州の公立学校で教壇に立った。1909年コロンビア大学ティーチャーズ・カレッジに入学し学位を取得、1938年まで同大学で教鞭を執る。プロジェクト・メソッドの提唱は教育現場に大きな影響を与えた。同時に数多くの優秀な学生を輩出したことから「100万ドル教授」と称えられた。（今井康晴）

3　学習とは何か

学習は学習者が生活から出発して生活によって生活の向上を図るものである。（中略）異なった遺伝と異なった環境とを持っているものが、機会均等に自己の発展を遂げ自己を社会化していくのが学習である。

（木下竹次『学習原論』より）

木下竹次は、「人は生物である」からこそ、「自己の保存発展と種族の保存発展との二大本能」があり、そうした必要な本能をどちらも発展させていくために教育が不可欠であると考えた。そしてこの言葉では、学習とは学習者である子どもたちの生活から始まり、生活向上のためになされるものであると述べている。

教育では、長きにわたり、人間の発達の決定要因が「遺伝にあるのか、それとも環境にあるのか」、すなわち「氏か育ちか」という論争が繰り返されてきた。そうした中で、木下は、発達が遺伝によるものと考える「遺伝説」や、発達が先天的なものに左右されるものではなく、生まれてからの環境や教育で決まるという「環境説」のような、単一の要因による説を支持しなかった。木下はこの言葉にもあるように、「異なった遺伝」と「異なった環境」とを持っているものが、ある枠組で分けられることなく、いろいろな人々が交じり合い一緒にいることの相互作用によって教育する方が、個々の自己の発展を遂げるためにも効果的であると考えた。

そのため、木下は、及川平治の考え方のような、能力によって子どもを分ける教育には否定的であった。つまり、当時の新教育がめざした個に応じた教育や個性教育に対して、むしろ一見すると逆に見える集団の中での個の成長を図る教育を打ち出しているのである。そして、その子どもをある枠組みで分けるのではない集団の中で「自律学習」（子どもたち一人ひとりが自分のペースで自ら学習をすること）を進めていくために、「独自学習」と「相互学習」の組み合わせを重視し、「合科学習」（複数の教科を統合してひとまとまりのものとして学習すること）を推進したのだった。つまり、独自学習―相互学習―独自学習と展開する中で、独自学習を土台にした子どもをある枠組みで分けるのではないグループ学習と学級の学習により、集団によって学習の認識が促されると考えた。

木下は、そのような学習環境の中には、クラスの仲間や空間的・物質的環境だけでなく、教師の存在も入ると考えた。教師は子どもたちにとって「自律学習」を可能にする環境の一つなのである。しかしそれは、教師の指導性を否定したり、教材の教育の可能性を後退させたりすることではなく、指導の方法として直接的な方法ではなく、間接的な方法を取ることを主張したものなのである。

現代の子どもたちは「自律学習」ができているのであろうか。「自律学習」とは、いつの世においても最も難しい教育のテーマであり、木下のこの言葉は、子どもたちが「自律学習」するにはどのようにしたらよいかを考えるきっかけになるものではないだろうか。

◆木下竹次（1872-1946）福井県出身。大正期の新教育の実践家。東京高等師範学校を卒業し、大正八（１９１９）年、奈良女子高等師範学校附属小学校主事に就任し、合科学習を提唱した。雑誌『学習研究』を創刊し、全国に「奈良の学習」を普及させた。この言葉は『学習原論』「自序」に書かれている。

（冨澤美千子）

4 「学ぶ」順序

幾何学を知らぬもの、この門をくぐるべからず。

（プラトン設立の「アカデメイア」に掲げられていたとされる言葉）

現在の学校教育は、子どもたちの発達段階に配慮し、教える内容を整理し順序立てた学びの順番を作り上げている。すなわち、教育課程（カリキュラム）の編成である。プラトンは、「アカデメイア」を設立（B.C.385年頃）した。それは、歴史上「学校」という施設の誕生の一つと言われる。そこの入り口にある門には、右に紹介した言葉が掲げられていた、と伝えられている。

このように、アカデメイアは、プラトンが設立した学校として紹介されるものの、そこでの実際の教育がどのようなものであったのかは、資料が乏しく、哲学を教えた様子が伝えられる程度である。しかし、この門に掲げた言葉は、今日まで伝えられており、哲学を理解するには、先ずその素養として、幾何学（数学）を学んでおくことが必要であるという、プラトンの学びのイメージの一端を示している。プラトンは、その生涯の中で各地を訪ね歩き、様々な人々と親交を深めている。中でも、ピタゴラス学派との交流も深かったのではないかと言われている。ピタゴラス学派は、数学的なものの見方・思想を持ち、やや宗教的で独特な学派（教団）組織を形成していた。その影響も多分にあり、プラトンは、数学的なものの見方や論理性が、哲学上の考えを整理する際にも必要な素養と見なしたのである。教育を考える上で、教える内容を順序立てて整理していくことは、その後の教育思想家や実践家によってより具体的なものが形成されていく。

ところで、このプラトンの言葉には、今日の私たちにとって、改めて注目しておかなければならない視点が含まれている。すなわち、彼が哲学の素養として位置づけた幾何学は「ものの見方・考え方」であり、単なる知識としての素養ではないという点である。一般的に今日の社会は、「知識基盤社会」と位置づけられ、学校教育では、子どもたちに対し「学ぶ力」の育成が一つの課題となっている。単純に「ものを覚える」知識は整理と順序立てが比較的容易なものである。情報メディア機器が発達した現在では、その提示の仕方も多様であり、活用の可能性を含んでいる。しかし、ものの見方や考え方を育成する「学ぶ力」についての教育は、今もなお模索中である。例えば、新たな学習指導要領等では「学びの力」の育成については、アクティブ・ラーニングやプログラミング学習として展開されている。プラトンが生きた時代の数学と今日の数学とでは、いくらか異なったイメージの部分もあるが、順序立ててものを理解することの大切さを今に伝えるこの言葉は、なお色あせるものではないといえる。それとともに、教師が子ども達に「ものの見方・考え方」を教える際の要点を示唆しているのである。

◆プラトン（Platōn：B.C.427-B.C.347）古代ギリシア時代（アテネ）の思想家・哲学者。ソクラテスの影響を受け、また自身もシケリア（現在のシチリア島）など各地を旅行する中で自身の思想・哲学を深めていった。著書には、ソクラテスに関するものの他、『饗宴』、『国家』をはじめ多数ある。その中で当時のポリス（都市国家）の様子や彼の教育観などが確認できる。

（八木浩雄）

5　真実に生きる人間を目指して

教育は人生の課題である。理念実現への努力の促進である。
（小西重直『教育理想の内容』より）

この言葉は、教育とは、人間の生涯を前提とした課題であり、その背景にある理念（理想）を実現する努力を促進することこそが教育なのである、という意味である。

小西重直は「教育は出来上った概念ではない。動いている生命である」と指摘する。つまり、教育に大切なのは形式的に完成された教育方法ではなく、教師と児童・生徒の人間的関わりそのものなのである。小西はそのような人間同士の内面（人格）が触れ合う教育実践を「人格的接触」と呼んで重視した。さらに、教育が人間同士の関わりである以上、そこでは「人とは何か」「人は何のために生きるのか」などの人生の課題が根本的に重要になってくる。各教科などの教育内容は、本来であればそれらの課題に応えるために、学問・道徳・芸術などの人間が営んできた文化的価値を土台として構成されているため、教師はそこに込められた理念（理想）を追究し、実現を図らなければならないのである。

私たちは、教育を考える際に、教える内容をいかに効率的に伝達するかという表面的な行為に終始してはいないだろうか。もちろん教育内容の伝達は、「教える」上で重要な要素である。しかし、その教育内容は、果たして児童・生徒の「人生の課題」に正面から応えるものであろうか。また、そこで行われる教育実践は、その教育内容の背景にある理念（理想）を実現し得るものであろうか。「この勉強は一体何の役に立つのか」という児童・生徒の声に向き合う上で、冒頭の小西の言葉は示唆に富むものである。

さらに小西は「人格的接触」によって、教師と児童・生徒の人間的な関わりが実現することで、自ら教育内容や教育実践を求める姿勢が生まれると考えた。彼はそれを「教育的思慕《しぼ》」と呼び、教育実践の望ましい姿と捉えたのである。「思慕」は内面から湧き出る願いや想いを伴う言葉であり、教師と児童・生徒が生涯を通して人生の課題に向き合い続けるために、互いに内面から求める有様を「教育的思慕」という言葉で表現したのである。

小西は、教師と児童・生徒の人間的な関わりを教育的に重視した人物としてペスタロッチを挙げ、「生命（生活）は陶冶《とうや》（教育）する」という名言を指摘する。小西によれば、それによって感謝、尊敬、親しみ、信頼などによる「人格的接触」を通じた理念（理想）への思慕が深められ、自己自身の内面を省察し、生涯を通じた理念（理想）の実現を図ることにつながるとするのである。小西の指摘は、教育実践に関わる人々に、教える行為の本質を問うものであると言える。

◆小西重直（1875-1948）明治・大正・昭和の教育学者。山形県米沢市に生まれる。第二高等学校で澤柳政太郎の教えを受ける。東京帝国大学文科大学（文学部の前身）を卒業後、ドイツ、イギリス、アメリカに留学し、帰国後に広島高等師範学校教授に就任する。文部省視学官、第七高等学校校長を歴任した後、京都帝国大学教授となった。京都帝国大学総長、千葉工業大学長、成城学園顧問、玉川学園顧問も務めた。主著に『教育の本質観』などがある。

（廣嶋龍太郎）

6 学びの共同体

人間的な共同体の中において人間が無意図的に互いに関わり合いながら存続し、活動しているところに教育が生まれる。

（ペーターゼン『学校と授業の変革：小イエナ・プラン』より）

日々子どもたちが通う学校では、国語、算数といった各教科の学びと友達や教師と共に生活をすることによる学びが挙げられる。教科による学びは、それぞれの目標や目的に基づき達成され、明確な知識や能力を獲得する。一方、学校生活による学びは、実際に生活するなかで様々なルールやマナーを身に付け、また運動会や遠足などの行事の中で文化を学ぶ。こうした学校の学びのなかでペーターゼンは、生活のなかで起こる無意図的な学びを強調した。ペーターゼンによれば、教育的な共同社会のなかで人間が作られると考え、学校こそ最も理想的な学びの共同体とした。この理想をイエナ大学の実験学校で具体化し、実践したのが「イエナ・プラン」である。

「イエナ・プラン」の教育理念は、性別、宗教、階級によって区別しない、教師、保護者、子どもが一致団結し学校経営に携わる、子どもの個性、自主性の尊重などであった。そして、従来の学校教育のシステムと異なり、学年や学級という枠組みを外し教育活動が行われた。まず下級、中級、上級の3段階に分け、年齢による分類ではなく、「根幹グループ」と呼ばれる異年齢のグループを、子どもの素質に応じて構成した。新学年を迎えると年長児は次のグループに進み、年少児が新たにグループに加わるというシステムであった。教育活動は、会話・遊び・仕事（学習）・催しという四つの基本活動で構成された。会話では、担任教師がリーダーとして参加し、遊びでは自由遊びが行われた。仕事（学習）では時間割、科目別によらぬ総合的な学習に基づき、授業は集団授業の形態で運営され、各生徒の自主性、自発性を重視し、子どもの興味・関心に基づく学習や作業を基本とした。催しは年中行事の他にも、誕生日会などを行い、共同体意識を育むことを目的とした。こうした環境の中で、子どもたちは社会性や習慣、文化を獲得しつつ、家族、村落、都市などで友情を発揮する人間としての成長が期待された。ペーターゼンが意図した学校教育は、子ども、教師、保護者を含め協同管理・運営していくものであり、常に他者との関わりのなかで学び、「共同」を通して、一人ひとりを尊重し、自律と共生を目的としたのである。

知識や技能の習得もさることながら、今ある社会のなかで生活するとき、他者を思いやる心、倫理観、コミュニケーション能力など、「生きる力」を育成することは必要不可欠である。「イエナ・プラン」は、わが国の教育が求める諸能力の育成に一石を投じると同時に、いじめ、体罰・パワーハラスメントの防止といった課題や、障害の垣根を超えたインクルーシブ教育（分け隔てのない教育）の実現に対しても一つの方向性を示しているのはないだろうか。

◆ペーターゼン（P. Petersen: 1884-1952）ライプチッヒ大学、キール大学、イエナ大学で歴史、哲学、宗教を学ぶ。1924～1950年イエナ大学の「教育科学」担当教授となる。同大学付属教育科学研究所長を兼任、同研究所付属の実験学校の指導者となった。第二次大戦後、共産主義政府当局との間で対立し、1949年に学校が閉校。西ドイツに亡命し1953年、亡命先にて没す。

（今井康晴）

7　生かされてあることの自覚の教育

自然からきて　自然にかえる　自然は　我等の　母なれば

（野村芳兵衛「洞戸芳兵衛パーク飛瀬自筆石碑」より）

近年、世界中でさまざまな環境の変化が起きている。地震や台風、水害のような天災による変化だけではない。大気汚染や水質汚染、森林火災、砂漠化などは、私たちが排出する二酸化炭素によって進んでいる。人間社会の営みによって起こる地球温暖化の影響、その環境変化が原因であると言われている。そのため、例えば国連気候変動枠組条約のように、国際的に様々な話し合いの場が持たれているが、私たち個人が環境について日々考えて暮らしていくことも、大変重要な対策になるであろう。

右の言葉は、野村芳兵衛という大正期から昭和期にかけて活躍した教育実践家の言葉である。岐阜県関市洞戸《ほらど》出身の野村の名前で、洞戸村飛瀬《ほらどむらひせ》に平成八年（1996）に造られた休憩所に建てられた石碑に自筆で刻まれている。

野村芳兵衛は、洞戸村に生まれ、洞戸尋常高等小学校で教師になり、岐阜県女子師範学校附属小学校で教鞭《きょうべん》をとった。さらに本当の教育は何かを知るために、当時先進的な教育の中心であった「大正新教育」の考え方で設立された、池袋児童の村小学校の訓導（教員の職位の一つ）として勤めることになった。

野村は児童の村での実践の中で、「野天学校」「親交学校」「学習学校」の三位一体的な生活教育を行うことが必要であると考えた。「学習学校」は、大人から子どもへ知識を伝承する学習であり、「親交学校」は、「学習学校」を継ぐ仲間づくりの教育である。そして「野天学校」とは、まさに自然から学ぶ教育である。野村は、子どもたちが真剣に、自然の中で遊びに没入する中で築く「児童文化」と「大人文化」の融合が、教育には必要であると考えた。「子どもたちが生きていく力の肥料として」大人が示していく文化が「大人文化」である。そして一日の学校生活を、午前は「大人文化」の継承を行う「先生勉強」、午後は「児童文化」の創造の時間である「ぼくらの勉強」であるという構想を打ち出した。子どもたちは、野遊びの中から自ら創造することが大事であると考えたのである。

私たち人間は、技術の発展により、便利な社会を築いてきた。子どもたちは、学校をはじめ塾やお稽古に通い、一日のほとんどの時間がスケジューリングされており、自由にぶらぶらする時間を持っていない。また子どもたちを取り巻く環境は、空き地もなく、野原もない。野村の考える三位一体の教育は、実現できない状況である。このような状況で、自然から学ぶことのない子どもたちが大人になって、環境について考えることができるのであろうか。私たち人間もまた、自然からきて自然にかえるのである。子どもの頃から、自然に学ぶことをしなければ、自然に生かされてあることの自覚は失われてしまうのではないだろうか。

◆野村芳兵衛（1896-1986）岐阜県武儀郡洞戸村《むぎぐんほらどむら》（現在の岐阜県関市洞戸）出身で、親鸞思想に根ざした教育実践で知られる。大正新教育の時代に池袋児童の村小学校の教師として生活教育を行った。第二次世界大戦後は岐阜に戻り、岐阜市立長良小学校で「長良プラン」を行い、郷土の教育の発展に努めた。

（冨澤美千子）

8 勉強に「手遅れ」はない

才のともしきや、学ぶ事の晩《おそ》きや、暇のなきやによりて、思いくずおれて、止ることなかれ。

（本居宣長『うひ山ぶみ』より）

右の言葉は、自分が才能がないから、勉強するのが遅くなったから、時間がないからといって、いちいち言い訳をするのは、学ばないことの理由にはならない。私たちはいつでも、いますぐに勉学に取組み、自分自身、研鑽《けんさん》を積み、努力して励むべきである、という意味である。

遊びや趣味とは違って、学ぶことには、多かれ少なかれ苦労、努力が伴うものである。いみじくも「勉強」という言葉は、それを示した言葉である。誰しも苦労や努力は避けがちになる。学ぶことに対しても同様のことが言える。私たちは往々にして、忙しい、自分には能力がないと言って勉強をするのをやめたり、後回しにすることがある。しかし、多くの場合、それは自分に対する、「やりたくないこと」の言い訳であり、やらない理由を挙げることで、自分自身を納得させているのである。

しかし継続した勉強が自分の血となり肉となるように、私たちは、学ぶことを厭うてはならない。これはもちろん子どもたちばかりではなく、教師である私たち自身にもあてはまることである。教師の学ぶ姿勢がとても重要なのである。

子どもは教師の姿を見て学び、感化される。もし教師が色々なことを言い訳にして、自分自身を向上させることを怠り、勉強をすることを避ければ、きっと子どもたちもその姿勢をみて、教師の姿勢、態度を学ぶに違いない。「言い訳をするのであれば、やらなくても良い」というように。逆に教師が率先して、いつも勉強する姿勢を保つことは、子どもに対して、継続することの重要性を身をもって示すことになる。

宣長のこの言葉は、継続的な学びの重要性を読者に語っている。拡張して捉えれば、それは、生涯学習にもつながっていく考え方である。勉強する時期にも、年齢にも、遅すぎはない、というのは、まさにこの宣長の考えから導かれることである。

宣長自身も、日本古代の神話を古書から丹念に読み解き、仏教思想が入ってくる以前の日本固有の思想、考え方に、鋭い洞察を加えた。そしてこうした深い洞察に至ったのも、まさに彼が倦《う》むことなく学ぶことに、言い訳をしなかったからである。また、ひたすら自分の道を極めていったからだろう。だからこそ、私たちの日本人の心を見事に言い表す、「もののあはれ」の見解に辿り着いたに違いない。宣長の不朽の大著『古事記伝』は、計四十九冊からなる。この書が完成するまで、三十年以上を要した。彼がもし努力を怠る人であったなら、決してこうした大著は完成しなかったであろう。宣長の冒頭の言葉は、彼自身の生涯の信条を語ったものでもあったのである。

◆本居宣長（1730-1801）江戸中期の国学者。医学を修めながら、源氏物語なども研究。実際に古文学の講義も展開した教育者でもあった。「もののあはれ」を根幹とした文学論で知られる。伝来してきた仏教や儒教思想にこだわらず、日本人の心を、その内側から理解しようとした。『古事記』や『日本書紀』などから神話を読み解き、日本固有の思想の実証的分析を進め、「古道」を提唱した。『玉勝間《たまかつま》』の著者でも知られている。（大沢　裕）

column

◆変わらない学び

私たちは、真の学びとは何かを絶えず問い続けている。考えてみれば不思議な話である。おそらく人間は、人類という種族が誕生したときから学んでいる。また学び続けているからこそ、人間は人間であることができた、とも言える。ところが、学びのとらえ方が皆一様ではないのはなぜだろうか。それは、学ぶことが、その人の生きざまと深く関連しているからこそであろう。学びのあり方は、時代と共に変化していく。

最近では、AIの台頭に代表されるように、予測しがたい未来が待ち受けている。そこで、予測できない未来に備えた教育なるものも提唱されるようになった。これはなるほど、正論である。世の中がどんなに変わっても、その変化に堪え、順応し、生き抜く人材を育てるべきだというのである。一言で言えば、「想定外の事態にも対応できる逞しい人間」ということになるだろうか。

逆に言えば、これまでの教育は、ある一定の理想に向けた教育であればよかったのであるが、これからはそうはいかない、ということだろうか。

しかしひるがえって考えてみれば、想定外の事態に対応し生き抜いてきたのが人間であり、人類だ、と捉えることもできる。逞しさで言えば、むしろ私たちは、未開の大地を開拓した人々や戦国時代の武将たちに、とうていかなわないのではないか。彼らは、真に想定外の中で生き抜いてきた人物達に違いない。

そうであるからこそ私たちは、表面的に変わるように見えても、あるべき学びの本質は、必ずしも時代によって左右されないのではないかと、直感している。歴代の教育家の世界に踏み入ることで、そうした学びの本質に触れることができると言えるだろう。

II　教師として

9　教え学び求めること

求めなさい。そうすれば、与えられる。探しなさい。そうすれば見つかる。門をたたきなさい。そうすれば、開かれる。

（イエス・キリスト『新約聖書』マタイによる福音書より）

イエスは、神の国の実現のために、主として弟子たちに向かって、どのような生活が実行されるべきかを語っている。右の言葉は、イエスが求道的な生活の総括として述べた言葉である。正しい生活秩序の実現は、手をこまねいて与えられ、自然に到来するものではない。それを真剣に願い追求する祈りと行動から生まれる。この言葉は、熱心な求道的な祈りと実行を強く勧める言葉である。また同時にその言葉は、真理を探究し物事の本質・秩序を究めようと、真摯に学び求める態度に通じる言葉である。「求めなさい」「探しなさい」「門をたたきなさい」は、願い求める姿勢を単に言い換えているのではない。それは根気よくあきらめないで繰り返し祈り求め、その行為を忍耐強く続けていくことである。ここでは、求道の熱心さ、真剣さ、懸命さが段階的に強調されている。したがって、それは、不断の徹底的な祈りと学びの最も深いレベルを意味したものである。真実の求めや探究は必ず応えが返ってくる。熱心に持続する学びの中から真理は開示されるのである。

イエスは、そのような積極的な祈りや努力は、必ず受けいれられ報われると述べて、実行を励ましている。どんな親でも子には良いものを与えようとする。まして父なる神がその愛によって、求める者によいものを与えないはずはない。信じて求める努力は決して虚しくはならず、必ず成果が与えられると励ますのである。

また、「求めなさい」と指し示されているのは、愛において成立する人と人の関わりであり、神と人との関わりである。つまり、具体的に求め追求されるべき道として、「人にしてもらいたいと思うことは何でも、あなた方も人にしなさい」という黄金律が述べられ、この祈りと求道の勧めは締めくくられる。自分の怠惰や利己心に打ちかって、隣人愛を実行する道であり、また真理を求め、ひたすら捜し誠実に問い続ける道でもある。安易な広い門ではなく、むしろ困難な狭い「門をたたき」自覚し、真摯な祈りと厳粛な学びの道を示している。

教育職においても、日々時間に追われ、子どもの指導や保護者の対応が難しくなり、教師の仕事は多忙を極めている。「受難の時代」の教育職でもあるが、視点を変えれば、厳しい環境の中、教師はさまざまな面から期待されている。同じ世代の仲間も大勢いて、子どもたちのために真剣に考え相談し合い、互いに切磋琢磨しながら教師としての力量を上げることも可能になる。教師は、イエスの言葉に従い、充実した教師人生を「求めなさい。そうすれば、与えられる。探しなさい。そうすれば見つかる。門をたたきなさい。そうすれば、開かれる。」ように歩むことが期待されている。

◆イエス・キリスト（Jesus Christus B.C.4 年頃 -A.C.30 年頃）キリスト教の始祖・神の子であり、キリストは「救い主」という意味の称号である。キリストの生涯は『新約聖書』の中の「福音書」に詳しく記されている。イエスの教えは、日常生活の中から生き生きとした例話《たとえ》を引いて、親しみやすく信仰の真理を説き明かすもので、しかもその言葉は権威にみちていたので、民衆の心を強くとらえた。

（中島朋紀）

10　愛され、教育を受け、守られる宿題

私たち大人は自らを向上させるどのような試みも放棄してきました。その代わりに、その宿題を子どもに押し付けてきました。
（コルチャック『コルチャック先生のいのちの言葉』より）

ヤヌシュ・コルチャックは、「子どもの権利の尊重」という教育理念の実践をした先駆者である。彼の教育思想は、「国連子どもの権利条約」、「子どもの権利に関する宣言」（1959年）、「子どもの権利条約」（1989年）等への成立へとつながる。今日の子どもの権利保障の基礎が形成された背景には彼の主張してきた教育理念が深く影響している。

右の言葉は、第一次世界大戦、第二次世界大戦などの戦争や改革の時代の彼の言葉だが、現代の子どもをめぐる問題にも深くかかわっている。現代も戦争や紛争が続く地域では同じことが繰り返されている。そして戦争がなくても、私たちは知らず知らずのうちに子どもに、自分達の問題を押し付けてしまうことが多い。例えば、児童虐待もそうした例の一つかもしれない。平成二四年の児童虐待の対応件数は、六万六七〇一件となっている。平成十一年度と比較すると約六倍にも上る。このような惨状の背景には様々な要因があるが、虐待の原因の一つとして、親の幼少時の経験が引き合いに出されることがある。虐待する親は、自らも子どものころ虐待されていたという例が多く、虐待の世代間の連鎖が問題となっている、というのである。大人が自分で解決できなかった困難が子どもに引き継

がれ、その苦しみをまた次の世代の子どもが背負う。こうした問題は、様々な場所で起きているが、その悪循環は見過ごされがちかもしれない。

コルチャックの考えや思いが今でも語り継がれるのは、子どもの権利を主張したからというだけではない。彼の教育活動自体、様々な事情を抱える子どもが、自らを誇れるよう生きていくための支援だったのも一つの要因であろう。彼は、子どもたち自身に「子どもの議会」「子どもの裁判」「子どもの法典」という活動の機会を設け問題行動を起こす子どもへ援助・支援を行い、良い方向へと導く手助けをした。コルチャックからの信頼や愛は、子どもたち自身が自らの力で幸せな人生を歩む後押しとなったことだろう。このような取り組みは傷ついた子どもだけでなく、今を生きている私たちにも必要なのかもしれない。もう一度自分を愛して、自分の行動を信じてあげることができれば、意外と問題は小さくなるだろう。そうしたときに初めて、私たちは子どもに責任を押し付けたり守るべきものを奪ったりする存在ではなく、子どもを信頼し愛し守る存在になれるに違いない。だから、今一度、考えてほしい。教育を志す者として今やらなければならない課題や問題はいったい誰のためのものなのか。そして、将来の希望たる子どもたちへ大人たちが抱えている宿題について考え続けていかなければならないのだ。

◆ヤヌシュ・コルチャック（Janusz Korczak 1878-1942）　１８７８年にポーランドのユダヤ人弁護士家庭に生まれた。小児科医として働くかたわら児童文学の執筆や教育者として活動。その後、戦争により過酷な状況に置かれた子どもたちのための施設を設立した。しかし１９４２年にユダヤ人絶滅政策により、彼は、子どもたちとともにガス室で殺害された。子どもの権利のために生涯を捧げた人物である。主な著書『子どものための美しい国』。（山田徹志）

11　教育的タクトとは

思念すべき必然性を前もって知るのは心理学の仕事だが、それを前もって感知するのは、教育術の最高の宝石、すなわち教育的タクトの仕事である。
（ヘルバルト『一般教育学』より）

ヘルバルトは、教師向けの手引書として『一般教育学』を著した。この書は、教育活動のあり方・進め方や授業の構成方法、心理学の成果を取り入れた生徒理解や指導方法など、教育活動全般に関わる要点を記述したものである。本書を手にして教師は、手引書に書かれた教育実践の諸観点を参考にしながら、自らの研鑽・トレーニングに励み、教育現場のさまざまな個別の状況をすばやく感知し、臨機応変に対処するような技能を磨いていく。ヘルバルトは、教師のこのような能力・技能を総称して「教育的タクト」と表現した。この「教育的タクト」によって、教師は児童生徒が重要な認識対象をつかみ、また、児童生徒の意見・考えをどのように受けとめるべきか、それにどのように対応すべきか、励ますべきかなどを判断することもできる。教師の「教育的タクト」は、機を見極める分別や教育的判断力とも考えられる教育術である。このタクトを養うために、教師は、教育現場での日々の経験を積み重ねる中で、訓練をしなければならない。

まず、授業への準備の際に、授業研究や教材研究に励み、授業中の児童生徒の反応や一人ひとりの子どもの顔が浮かぶほどにイメージし、心の状態を整える。次に、授業実践においては、児童生徒の外見の様子からその心理状態を察するように努め、学ぶ者の心のうちでどのようなことが生じているのかを認識する。さらに、授業後は自らの教授活動をふり返りながら、授業評価・改善・検討などに努めることが、ヘルバルトにより指示されている。児童生徒の学習心理（意欲喚起）を読みとる力や、授業場面をイメージする力の訓練が求められるのである。

「教育的タクト」の「タクト」とは、音楽用語しての指揮棒や拍節を意味するが、それは本来、人間の触覚を意味する。ここから「タクト」は、外界との接触、つまり他の人間との交流や接触によって自分の内に生ずる感情を意味するようになった。とりわけ、人間関係のコミュニケーションにおいて、「タクト」は他人を傷つけない感情の細やかさ、相手の立場を考え、人の心を思いやる感情といった人間的な関わりを構築するために欠かせない能力である。

こうした能力に着目したヘルバルトは、教師に「教育的タクト」を養うように提唱した。人との交わりが重視される時代こそ、言葉にならないような事柄を理解することや、理解するために必要な能力として教師に「教育的タクト」を要求したのである。児童生徒の言葉でもなく、認知能力でもない、表情や行動から、その日の心の状態を思いやったり、言葉にできないまでも児童生徒が今思っていることを察してあげたりするために、教師は「教育的タクト」を磨いていく必要があるのである。

◆ヘルバルト（Johann Friedrich Herbart:1776-1841）ドイツの哲学者、教育学者であり、教育の目的を倫理学に、方法を心理学に求めることで教育学を体系化した。主著に『教育学講義綱要』（１８４１）などがありた代教育学の創始者と呼ばれ、教育学を教師のための学問として構想した。管理・教授・訓練と区別した教授法は有名である。やがて、この教授法を継承発展させたヘルバルト学派が生れ、わが国にも大きな影響を与えた。　（中島朋紀）

12　子どもの姿からの教育の発見

教育上の偉大なる創見は、すべて、子どもから学んだもののみである。それが、子ども以外のものから出た知識理論であるときには、大抵失敗である。（中略）子どもは先ず教育者に教えて、自分を教育させる。

（倉橋惣三『婦人と子ども』より）

倉橋惣三《そうぞう》は日本の幼児教育の発展と理論化に大きく寄与し、後に日本の幼児教育の父と言われている人物である。右の文章は、一九一三年に雑誌『婦人と子ども』（後に『幼児の教育』と改名、今日に至る）に発表されたものである。倉橋初期のこの文章は、倉橋の生涯を貫く一つの信念とも見ることもでき、それが実に興味深い。

倉橋は「子ども好き」であった。旧制一高生（一七～二〇歳）の時から幼稚園に出入りしては子どもたちと遊んでいた、というエピソードが残っている。女子高等師範学校の講師に就任した後も、当時の附属幼稚園で子どもと遊ぶことを楽しみにしていた。さらに、後に附属幼稚園の主事（園長）となってからも、倉橋は子どもの近くにいつもいようとした。

このように、倉橋は子どもを研究対象として観る以前に「近しい者、愛しい者」として接し、そこで得た体験を基に理論化していくという方向性をもって研究を深めていった。この点が倉橋の研究姿勢の特徴であり、倉橋の理論と思想が時代を超えて、保育・幼児教育学の中で色あせることのない理由でもある。

倉橋は、ペスタロッチ、フレーベルなどに多くを学んでいるが、単に彼らの理論を学んだというより、彼らの「子どもに対する姿勢」について学んだと言えるであろう。この倉橋の姿勢は、一九三四年に刊行された『幼稚園保育法眞諦』にて一つの結論を見出している。この著書の中で、倉橋は「誘導保育」を説いており、「生活を生活によって教育する」ことの意義と意味について述べている。つまり、子どもを教育に合わせるのではなく、教育を子どもに合わせるという、従来（当時）とは全く逆の方向から子どもの教育を考えたのである。この「誘導保育論」は、子どもの遊び＝主体的な生活、を深めていく過程を大切にしてく考え方で、倉橋は「生活を生活で生活へ」という有名な言葉を残している。また、倉橋は時に詩の形をとりながら、子どもの感性、繊細さ、優しさ、活き活きしさなどについて惜しみない愛情を捧げながら子どもの本質に迫ろうとしている。正に子どもに生きた人と言えよう。

倉橋の残した言葉の一つひとつの理解をここで深めることは難しいが、「子どもを主体としてみる」ことの本当の意味について、教育を志す者たちは自身の研究と実践すべてにおいて問い続けていく必要があろう。教育の普遍的な真理として。

◆倉橋惣三（1882-1955）その生涯の大半を東京女子高等師範学校（現・お茶の水女子大学）教授として過ごした。最初に東京女子高等師範学校に赴任してから73歳まで幼児教育の世界に生きた。倉橋の著作の代表的なものとして『幼稚園雑草』、『育ての心』などが挙げられる。彼の教育思想は現代の保育界において今もなお強い影響力を与えている。

（山田徹志）

13　教師は子どもの解放者

本当の教師とは、銘柄とか実績によるのではなくて、あなたの能力を最高に発揮させてくれる人ではないだろうか。つまり、本当の教育者とは、あなたの解放者にほかならない。

（ニーチェ『ショウペンハウアー』より）

右の言葉は、教師はどの学校を卒業したとか、どんな教育を行ってきたか、過去のことで評価されるべきではない。現在、向き合っている子どもの能力をどれだけ開発させ、花開かせたかで、評価されるべきである。教師は、子どもたちが受けている理不尽な拘束や束縛から解き放つ役割をしなければならない、という意味である。

ニーチェがここで言う「解放者」とはどのような意味だろうか。一般的には、拘束、縛りを解き放つのが解放の意味である。たとえば、子どもたちが通っている学校の校則は、子どもたちを拘束するものであるとも言える。それでは、そうした決まりなどから、子どもを解き放てばよいと、ニーチェは語っているのだろうか。

単に、子どもが拘束や束縛されていると感じているものから自由にしてやるのが教師の役割だというのであれば、教師は、子どもを学校に来させない方がよいということになる。むしろ自由気ままに遊ばせた方が、子どもにとって束縛感ははるかに少なくなるであろう。

ニーチェは、彼の生きていた時代、古い慣習や習慣に対して、意味もわからず、それに縛られ、理不尽だと思いながらも、窒息したかのような生活を送り、それが仕方のないものだと感ずる多くの人々を目の当たりにしていた。ニーチェに従えば、意味のわからない従属・服従は、人間を奴隷化させるだけだ、というのである。

教育に関して、ニーチェが特に批判の対象としていたのは、当時のドイツの中等教育学校、ギムナジウムで、知識の暗記のみを強要する学校の手法であった。ここでは、現実生活から乖離《けいり》した、ギリシア語やラテン語の文法や単語の詰め込み教育が当り前になっていた。しかしこのような教育では、人間を解放するというよりは、むしろ指示待ち型、依存型の人間にするだけである。ニーチェが求めていたのは、ただやみくもに世間の常識に盲従するのではなく、そうしたものを主体的に受け止めることのできる、自立的な人間であった。

つまり悪しき教育は、依存型人間をつくるのであるが、望ましい教育は、主体的人間を創造するのである。ニーチェの理想とする教師とは、言われたことを単に行うだけの指示待ち方の人間を育てるのではなく、自分自身でなぜかと考え、物事に行き詰まったら、それを自分の力で解決し前進しようとする前向きで主体的な人間を育てる人物であった。

◆ニーチェ（F.W.Nietzsche:1844-1900）一九世紀のドイツの哲学者。「神は死んだ」などの名言を残し、旧来のキリスト教的な思想に対して、超人説を主張した。超人とは、自己自身を絶えず超えていく意欲的な人間の理想像を指していた。いわゆる天国に救いを求める世界観を批判し、現世の道徳こそ重要であると説いた。後に大学教授職を辞し、晩年には発狂し没した。主著は『ツァラトゥストラはこう語った』。

（大沢　裕）

14 子どもとの信頼関係

生徒に対して教師は、原則として軽率な不信をもってはならない。

（リーツ『ドイツ国民学校』より）

子どもを信じ、信頼関係を築くこと、それは言うまでもなく教育にとって最重要視されるべき点のひとつ、であろう。どの教師も保育者も、そのことが日々の活動においてどれだけ大切で重要なことなのかは、言葉にするまでもなく実感してることであろう。それでも往々にして子どもの行動や言動に対し、ストレートに受け入れることなく、疑念の感情を抱いてしまうことも多いのが現実である。子どもを信じ、少しでも信頼関係を育みたいと思うあまりにそれが逆効果となり、心の中に自然と言葉や行動に対するバリアのようなものを持ってしまった経験はないだろうか。

日々の生活の中では子どもに対しそんな感情や行動を抱くことも、決して少なくないだろう。そんな時には子どもの行動や言動が、どのような状況下で、どのような理由のもとに行われたものなのか、もう一度考え直してみることも重要である。相手に対して不信な気持ちを抱くことは簡単である。だがそこでもう少しだけ相手の立場に立ち、相手の人格を全人的に理解していこうと考え直すことで、不信を抱こうとする自分の気持ちの角度が大きく変化することもできるのではないか。そして今までとは違った角度から、子どもの行動や感情をとらえ、それまでにも増して信頼を築いていくことができるのではないだろうか。

リーツの設立した田園教育舎では、日々豊かな自然に満ちた環境下において、遊びや労作などが取り入れられ、また子どもたちによる自治活動が重視され、実践されていた。つまりその場においては人間の生活そのもののすべてが学びであり、机上の学習だけが授業という考え方ではなかったはずである。そんな田園教育舎の場では、自治活動において、子どもたちの自主的な性格を形成することが目標とされ、全人的な教育が重視されていたという。リーツの田園教育舎に関して説明を加えれば、それが全寮制であることと、喧騒に満ちた都会ではなく豊かな自然のあふれる田園地帯に建てられた学校であるということである。田園教育舎では教師と生徒からなる一〇名から一二名が生活を共にし、一日の活動は午前中の知的学習、午後の身体活動や芸術活動、夕食後の祈りや講話などの情操教育が実践されていた。そんな環境下で子どもたちによる自治活動が重視され、全人的な教育が行われていた。

そのような場面においてはより一層、教師と生徒との信頼関係は重要であるし、不可欠なものであったといえよう。リーツは「教師は授業時間での感化だけに限定すべきではなく、むしろ授業時間以外でも生徒と交流するようにしなければばらならない」とも述べ、日々子どもとの信頼感の形成に腐心していたのである。

◆リーツ（Hermann Lietz　1868-1919）教育学者。ドイツの農夫の家庭に生まれ、自然に囲まれながらの子ども時代を過ごす。アルコール、たばこなどは一切たしなまず、１８９８年田園教育舎（塾）を設立。田園教育舎は全寮制の学校であり、自然豊かな環境下で、教科の学習だけではなく、労作や自然の中での遊びなどが教育内容に取り入れられていた。主な著書は『ドイツ国民学校』。（野末晃秀）

15 子どもの希望に「ノー」と言う勇気

生徒の未来意志の動きの中に身を置き、その動向を自覚し、その意志にもとづいて諾否を言う勇気をもっている教師こそ新の教育者であろう。

（ノール『ドイツの新教育運動』より）

右の言葉は、子どもたちが思い描く将来像に対して、それを的確に理解し、最善を尽くして支援する者こそ、真の教育者である、という意味である。ここに「諾否」とあるのは、意味深長である。教師である私たちは、子どもたちがやりたいこと、したいことに対して、助力することはあっても、それを否定することはなかなか難しい。しかし現実には、子どもたちが持つ夢であっても、絶対にかなわぬ夢であり、そこばかりに子どもがとらわれていると、逆に子ども自身が不幸になるケースもある。その場合には、毅然として、「それは違う」と言える教師が本当の教師だ、とノールは言うのである。

もちろん、教師は、子どもたちの希望や願いに寄り添い、できる限り、その希望や願いがかなえられるよう、ベストをつくさなければならない。しかし例えば、子どもたちが非常に幼く、自分の力、能力、素質などに対して十分な理解、自覚ができていない場合がある。そしてまさに、自分の向かない方向に邁進《まいしん》する子ども、あるいはその親がいて、彼らがそれに全エネルギーを注いでいるといったケースもある。そうした親子と比べれてば、教師の方がはるかに冷静であり、状況判断がきちんとできる、ということもあり得ることである。

家庭の父親や母親と違って、教師は、子どもたちが学校にいる間、しかも教育を担当する範囲でしか、子どもと関わることができない。家庭などのプライベートなところに口を突っ込むのは、教師としての権能を超えてしまうことである。そうしたことは、公教育に携わる者として、基本的に慎むべきことである。しかし、その範囲の中で、自身がもちうる限りの知識や見識で、子どもの将来に対して、最善のアドバイスをすることを、教師は恐れてはならないのではないだろうか。場合によれば、提案という程度にとどまるかもしれないが、私たちは、子どもの将来に対して消極的であってはならない。教師は、子どもたちが自分自身を見、捉えるよりも、もっと深く子どものことを理解しなければならない、ということも、ノールは暗に示している。

ノールは、ドイツの新教育運動を体系的にまとめ上げる著書を刊行した。それが『ドイツの新教育運動』である。彼はその中で教育運動を分類し、その最初に青年運動のことを説明している。彼は、青年が夢見がちであること、それだからこそ教師の助言が必要だと考えたのである。

近年のマスコミ報道を見るにつけ、教育者である者たちは、余計なことに口を突っ込むことに脅威を感じつつある。行き過ぎた「おせっかい」は禁物であるが、子どもの将来に対して、教師は真の助言者、助力者でありたいものである。

◆ノール（H.Nohl:1879-1960）20世紀初頭に始まった新教育の歴史、特にドイツの思想を体系的にまとめて評価した教育学者。哲学者ディルタイと出会い、講壇哲学に満足せず、人間の生き方について学生に問いかけた。青年運動、戦争体験を通じて、民衆大学運動の担い手として自覚を深めた。高弟として、ボルノウがいる。ノールは哲学的には、ディルタイなどの「生の哲学」の影響も受けている。

（大沢　裕）

16　保育者の持つ教養の大切さ

保母は子どもを教育するのみではなく、子どもの教育を通じて両親を再教育するだけの教養をもってゐねばならぬ。
（城戸《きど》幡太郎《まんたろう》『就学前教育の重要性』より）

わが国において、幼児教育の先駆者といえば東京女子高等師範付属幼稚園の倉橋惣三、というのが一般的に認知されている。倉橋と同じように大きくわが国の幼児教育に貢献した人物として忘れてはならないのが、城戸幡太郎である。城戸の活躍した時代は昭和初期、である。まだ幼児教育が一般的には浸透しているとはいいがたく、幼稚園における保育についても、ただ保育者が遊ばせているだけの場所としてとらえる者が多かった時代でもある。まだまだ保育者の質なども、重要視されなかった頃といえよう。

城戸の提唱した「社会中心主義」は、「子どもをその子どもの生きている社会との相関からとらえよう」とする考えであった。それは現在でも通用する思想である。そしてそのことは、城戸の「子どもの教育環境を改善するためには、社会機構そのものを変えていかなくてはならない」という考え方にも通じ、それは教育だけではなく社会の改革をも目指した城戸の思想の特色でもあった。その働きかけに関しては「家庭の再構成」や「両親再教育」という概念を用いて、子どもだけではなく両親の再教育の必要性を強く説いたということも彼の思想の特色であろう。

城戸の言葉から抜粋した右の言葉は、現在でも通用するばかりか、その受容性は一層深まっているのではないか。子どもの教育をするための学校ではあるが、言うまでもなく家庭教育、保護者の重要性やその子どもへの影響力の比重は教師にもまして大きい。子どもたちに対し適切な教育を行うことは大変重要ではあるが、子どもの保護者にも学校や教育者の思想や教育の意図を的確に伝え、啓蒙していくことも不可欠なのではないだろうか。

また城戸の考え方として、保育施設は家庭の延長、補助ではなく、より積極的に家庭に働きかけていくもの、としとらえられている。それが彼の、保母は子どもを育てると同時に子どもを通じて母親の教育に協力し、家庭の教育を補い、保護者を教育するという意味につながるものと考えられる。

さらに城戸の言葉の中で見過ごしてはならない点が、「子どもの教育を通じて」という部分である。直接保護者に伝えることも時には必要になることもあるが、日々実践している子どもへの教育を通し、その営みの中から保護者の心に届き、響くような教育を実践することである。それは決して容易なことではないかもしれないが、一日一日の積み重ねが、やがて大きな信頼を生み、子どもと保護者に届くことを信じ、教育者は自信を失うことなく毅然と実践するべきであろう。そのためにも自らも高い教養を持つことが望まれるのではないだろうか。

◆城戸幡太郎（1893-1985）心理学者・教育学者・北海道大学名誉教授。昭和初期からわが国の幼児教育・保育に貢献する。昭和11年に法政大学児童研究所を母体とする「保問研」を結成し、機関紙『保育問題研究』なども発行。倉橋惣三と並び、わが国の保育思想の源泉ともいわれる。主な著書には『幼児教育論』『生活技術と教育文化』がある。

（野末晃秀）

column

◆教師の使命と本懐

職業人には、果たすことが当然の職責がある。そして、天命であるかのように与えられた使命もある。さらにまた、自分自身が培ってきた職に対しての理想、その思いを遂げることは、本懐と呼ばれる。この職責、使命、本懐は、教師についても当てはまる。もちろん実際には、この三つは人間の中で渾然《こんぜん》一体となっている。

教師として自身の職責を果たすのは当然であるとしても、一体、教師の使命と本懐はどのような関係にあるのだろうか。教師の使命は、実際にその人間がそれを感じるかどうかは別として、教師の誰にも、与えられている。しかし教師の本懐というのは、教育に対する高い理想を掲げ、その思いを遂げようとする強い意志がなければ、そもそも存在するものではない。ある意味、使命は与えられたものである。それに対して、本懐は、自身の創造したものである。

一見すると、本懐は、自分自身の思いであるから、自己中心的な思いであるように見える。けれども、教師の本懐は、決して軽視されるべき事柄ではない。それこそ教育の偉人たちは、通常の教師の仕事をこなすだけではなく、本懐を遂げようとしたからこそ、歴史に名を残したのではないだろうか。例え才能があったとしても、もしその人物に教育に対する真の情熱が欠けていたら、偉大な業績を残すなど、決してできなかっただろう。

もちろん教師という仕事は、名を残すためにあるべきものではない。むしろ名声を求める教師ほど、愚かな教師はいない。教師は、どんなに名を残したかで評価されるべきではなく、いかに子どもたちを教育したか、教育してきたかで評価されるべきだからである。

III 教育とは

17　教育によって人間になる

人間は教育されなければならない唯一の被造物である。

（カント『教育学講義』より）

この言葉は、教育の必要性を端的に述べた言葉として知られている。人間だけが他の動物と異なり、教育される唯一の動物であるという意味である。しかし、教育を受けずにただ一定の時間が経過すれば、自ら「人間らしく」になることも不可能である。他の動物は本能によって生活し、しかもその本能は、何らの準備も必要とせずに獲得される。同じ種類の動物は、本能により、同じような生活を送る。そしてその生活の仕方は制限があり、固定されたものである。ところが、人間も同じく本能をもつが、他の動物の本能のように固定された生活を送るわけではない。

人間は本能により固定されていないので、人間は、教育によって変化することができる。成人が子どもに関わらなければ、子どもは人間らしく生きることができないのである。

カントは、教育を自然的教育と実践的ないし道徳的教育に分けている。前者は、人間の自然的素質に対して行われる。これは特に、幼児期など早い段階での教育（保育・養護）である。人間にもともと備わっている人間の自然（本性）に従って、できるだけ外側からの干渉を避けるように教育しなければならないのである。しかし、それは放任すればよいということではなく、時には自然（本性）をしつけ・規則（教化）で縛ることも必要になる。そこで、訓練が求められ、訓練によって次第に粗雑さが取り除かれ、人間は、本来自らがもっている能力を十全に発揮していくことができるのである。しかし、この自然的教育にとどまっていては、人間の教育は十分ではない。つまり、自然的教育の後には、「人間になる」ための教育、すなわち理性的存在としての人間への教育が必要になるのである。人間は生まれながらには理性の力を発揮できないので、はじめは人間の自然（本性）に従って、場合によっては強制したり訓練したりして教育しなければならない。そこからさらに実践的ないし道徳的教育が必要である。それは、知識を得たり物事を判断したりすることができるための理性を目覚めさせることである。

現在でも、確かに、大人になれば自分で自分の行為の責任を負わなければならない。しかし、教育は自律的な人間を育成することに腐心しているだろうか。むしろ、子どもたちのためにといってはあれこれと何から何まで細かく丁寧に指導して、自分自身で物事を判断することができないようにさせてはいないだろうか。カントに従えば、「強制は必要」である。強制を通じて、最終的には自由を得させることが教育の目的なのである。カントのこの問いかけを、私たち教育に携わる者はしっかりと受けとめなければならない。

◆カント（Immanuel Kant:1724-1804）18世紀ドイツを代表する啓蒙思想家・大哲学者である。母校のケーニヒスベルク大学で72歳まで哲学を講じながら、教育学も講じた。『純粋理性批判』（1781）、『実践理性批判』（1788）『判断力批判』（1790）など重要な著作がある。厳格な道徳の問題や人間存在の理性を取り上げるドイツ観念論を樹立した。

（中島朋紀）

18 学校教育の役割

教育トハ読書算等ノ如《ごと》キ芸能ヲ謂《い》フモノニ非《あ》ラスシテ正確ナル人物ヲ薫陶《くんとう》養成スルノ義ナリ

（森有礼《ありのり》「兵庫県会議事堂において郡区長県会常置委員及び学校教員に対する演説」より）

この言葉は、教育の意義は、読み書き計算のような技能を習得することにあるのではなく、正しい人物を「薫陶《くんとう》」して養成することにある、という意味である。薫陶とは人徳・品位などで人を感化し、よい方向に導くことを意味する言葉である。

この演説で後に続く言葉では、教育で重要なのは「人物」であり、「芸能」（技能）は手段に過ぎないことを指摘する。そして、教師はその姿勢によって児童・生徒を国家の良民となるように導かなければならない、と主張するのである。

森有礼は、伊藤博文による初代内閣の文部大臣として活躍した。彼は明治時代に近代的な学校教育を確立するために、北は東北から南は沖縄まで全国の巡視旅行に出かけて精力的に学校の状況を視察するとともに、新しい国民教育の方向性を定着させるための演説を試みたのである。そこで主張された内容には、国家・国民のために尽くす教員の使命や、学校を経済的に運用する方針など、現代の教育でも重要視されるものが多い。その中で、森は一貫して教育における「人物の薫陶」を重視したことが特徴であった。自らの言葉と行動によって児童・生徒の模範となることを教員に求めたのである。

このような考えの背景として、森が近代以降の日本人に必要なのは、「気質」の変革であると訴えていた点が挙げられる。彼は、江戸時代までの封建的な考え方によって、日本の民衆の気質が従わされることに慣れてしまったと分析するのである。日本が近代的な国民国家に変革を遂げる中で、一人ひとりの国民が規律と主体性を身に付けて社会を形成していくことが必要と考えた森は、後に学校教育に「兵式体操」を導入した。これは集団による訓練を伴う運動であり、今日の運動会や修学旅行の原型となっている。

なお、森は一方的に集団規律に服すことを求めたのではなく、それと主体性が並立することを理想とした。森が文部大臣に就任する前に行った演説では、兵式体操の目的に、自ら積極的に行動する勇気という一種の主体性の養成を掲げている。さらに、彼が文部大臣就任後に故郷鹿児島で行った演説でも、学校教育で他人に依存するのではなく、自分自身で行動する気風（気質）を養成することを求めている。加えて、自分のためだけでなく他人を助けるようにすることが望ましい、と森は主張した。これらによって、国民一人ひとりが自らの行動を通じた自己経営を成し遂げることができると考えたのである。森の教育改革は、封建時代の気質の弊害を取り除き、近代的な国家観の下で自立して生きる国民像を模索するものであった。

◆森有礼（1847-1889）日本の初代文部大臣。薩摩藩士として英国に密航留学し、渡米を経て帰国。帰国後は岩倉具視によって新政府に登用され、主に外交官として活躍する。民間では福沢諭吉らと明六社を結成して社長に就任すると、『明六雑誌』を発行して契約結婚などの西洋思想を発信した。初代文部大臣として諸学校令の公布に関わり、小学校や師範学校等の基礎を築くが、極端な西洋化には批判も多く、後に暗殺された。（廣嶋龍太郎）

19　教育の目的は「社会性」

人間は本性上政治的動物である。

（アリストテレス『政治学』より）

アリストテレスの正確な言葉としては、「人間はポリス的動物である」と述べられている。ポリスは、当時の古代ギリシアの「国」に近い単位のもので、「都市国家」と呼ばれている。アリストテレスは、当時のポリスを、単に都市国家という社会の集合体として見るより、動物と人間との違いを意識し、最終的に人間が形成する生活上の「共同体」としての完成という意味で捉え、またポリスは、生活共同体として、「善き生活を実現するために存在している」と位置付けている。

「教育」を考える際、「個人」としての尊厳や権利を教え学ぶことは、もちろん大切である。その一方、人間がこれまで形成してきた「社会」の中で生きている存在として、倫理や義務なども教え学んでいく必要があることは、今さら指摘することではない。しかし、一人ひとりの「個性」や「個人としての自由」が大切なことである一方、私たちが社会の中で生きている限り、「公共性」や「規範」といった「社会性」に関する感覚も不可欠なものである。いざそれを教えるとなると、どのようなバランスで教育するべきかは、常に議論されているのが実情である。例えば、この度の学習指導要領の改訂に伴う「新しい教科　道徳」に関する扱いが注目されていることも、これと関係している。

個人として、または社会に生きる人間として、どのようにあるべきかといった具体的な内容については、時代性や地域性などもあるため、唯一の答えがあるわけではないことも事実である。しかし、少なくとも「人間」として生きている限りにおいては、人と人とで形成された「社会」の中で生きていかなければならないという事実を無視することはできない。人間としての「教育」を考える場合、子どもたちに対して「生きる力」を育むことは、一人ひとりの将来に役立つ知識や技能（技術）の習得だけではない。社会の中で生きるためのルールや感覚を含めた「社会性」に対しての育成も、生きる力の育成に含まれている。しかし、この社会性の育成は、単に「ルールだから守りなさい」といった知識として教え守らせることではとうてい実現できるものではない。人間は「ポリス的動物」であるという、アリストテレスの指摘は、単に社会を個人より優先させることを言っているのではない。社会という範囲の中でのみ人間が生きているという意味ではなく、人間が人間として生きてきた中で、「社会」という環境も、必要不可欠なものとして作り上げたということを明らかにしているのである。

現在の世界は、地域や国または国を超えた人類といった枠組みの「社会」の中で人は生きている。アリストテレスが二千年以上も前に指摘したこの言葉は、そうした人間の本質にかかわる言葉でもあるのである。

◆アリストテレス（Aristtelēs：B.C.384-B.C.322）古代ギリシア時代の哲学者。広範な学問領域に対する研究から「万学の祖」とも呼ばれる。一七歳の頃にプラトンのアカデメイアに学び、四一歳の時にマケドニアのアレクサンドロスの家庭教師に従事し、四九歳にしてリュケイオンにて学園を創設する。著書は『形而上学』『ニコマコス倫理学』などの他、動物をはじめとした自然に関する研究のものなど広範にわたっている。

（八木浩雄）

20　教育の使命

教育は絶対に「全人教育」でなければなりませぬ。全人とは完全人格すなわち調和ある人格の意味です。

（小原國芳『全人教育論』より）

小原國芳がめざす教育とは「全人教育」である。これは、どこまでも真実の人間の形成を求める教育である。真実の人間とは、人として育くむべき真・善・美・聖・健・富の価値実現を求め、現実を理想に向け、理想を現実に活《い》かし、人間の根本的な力である頭と手と心とを調和的に発達させる人間のことである。人間の健康な身体と健全な精神とを完全に一致させることが、全人となる真実の人間である。つまり、完全なる人格を目指す過程が重要であり、完全を目指している目の前の人間が全人なのである。全人教育とはどのように人間をとらえるかの観点である。小原は、完全を目指して教育の作用が働いて、人間存在を真の実在とすることを「全人教育」としている。人間を一つの物差しではなく、多元的な多様な物差しで見つめ、人間一人ひとりのよさや可能性を見出し、それを伸ばすという視点を重視している。

全人教育の根本は、人間の精神作用としての知・情・意の三方面の合一の状態を求める。文化の視点では、学問（科学）、道徳、芸術の合一の世界、また価値の点から言えば、真・善・美の合一の世界を自らに担うことのできる人間を形成することである。そして、このような合一の状態は、宗教をその根底に認めることによってはじめて可能になる。したがって、人間の知・情・意を統一し、学問、道徳、芸術を合一し、「教育の根本原理としての真・善・美・聖」の立場に立つことが全人教育の基盤である。小原はこれらを絶対価値と、さらに身体と生活において健と富の手段価値を置いた。

労作教育は、まさにこの価値体系の具現として、実行手段となる。それは、全人教育の理論に対する実践自体を意味している。それゆえ、労作教育は、すべての価値に関わるものであり、しかも諸価値を実践化するものとしてはじめて意味をもつ。

全人教育は労作教育によって可能となる。労作とは、ものを創作・制作する構成的活動や、農業のような生産活動などを指している。こうした活動の中で、あらゆる学問を学ぶことこそ真の知育であり、友情や協力等の精神を学ぶことこそ真の道徳教育であり、美的感覚を養うことこそ真の芸術教育であり、そして自然への畏敬や神秘・崇高なものを学ぶことこそ真の宗教教育である、と小原は考えている。したがって、労作教育は全人教育の原理に根差した人間の教育である。

このように、全人教育は、今日の教育に多大な意義をもつものである。「教育の内容には人間文化の全部」を盛り込み、全ての文化価値を調和的に成長させ、自己が本来的な自己に発達していくことが全人教育の、そしてまた現代の教育の使命である。

◆小原國芳（1887-1977）澤柳政太郎が創設した私立成城小学校に主事として着任し、研究学校として発展させた。1921年「八大教育主張大会」で全人教育論を講演し、新教育運動の一角を担った。そして、1929年には玉川学園を創設し、小原が玉川学園で12か条からなる教育信条の第一として掲げたのが全人教育であった。『全人教育論』以外に『母のための教育学』など多数の著書を残した。

（中島朋紀）

21 教育こそ社会のかなめ

究極的には社会のみが教育するのであり、人間陶冶はあらゆる点で高度に社会の事柄であるのと同様に、他方また社会の最後の基盤である。

（ナトルプ『社会的教育学』より）

右の言葉は、教育の担い手は個人としての人間ではなく、社会である。教育は社会の支え、要《かなめ》となる。また教育がなければ、社会も成り立たなくなる、という意味である。

社会の教育というと、学校外の教育を考える人もいるかしれない。しかし、ここでは、学校外の教育のことだけを言っているのではない。学校外も学校内での教育も、もちろん家庭教育も含めて、ナトルプは、教育の意味について語っているのである。

普通、私たちが意識して教育というものを行うとき、教育するのは一人ひとりの人間であるから、この言葉を聞いて違和感を持つ人もいるに違いない。ナトルプが考えているのは、人間は孤立しては生きていくことができず、社会の存在を前提として生きている、ということである。

人は、過去から受け継がれてきた社会の伝統を自分の生き方の手本として、見習わなくてはならない。たとえば、私たちが話し書く言葉も、自分が発明したわけではなく、はるか昔の先輩たちが培ってきた伝統である。過去から連綿と培われてきた言葉を学びながら、人間は、はじめて社会の担い手となることができる。つまり教育には、過去からの伝統を引き継ぎ、それを学びながら自分のものとする面がある。

しかも私たちは、単に伝統を継承するだけでなく、さらにそれを発展・展開させなければならない。そして、この伝統を受け継いだり、未来を切り開いていく者が人間らしくあることができるのも、教育があるからこそだ、というのがナトルプの主張である。もし教育という働きを欠いたら、自らの社会は崩壊してしまうことになるだろう。

「自主性」とか「主体性」とか「自己実現」という言葉は、私たちの耳にとても心地よく響く。しかしそれに酔いしれ、社会の伝統に対して、耳を傾けないようであれば、それもまた、問題である。もちろん子どもに限らず、ただ伝統について、言われるがままに従うだけでは、主体性もなければ、自主性もない。そんなところには、まっとうな教育はない。ナトルプは、子ども自身が自らの力をコントロールする意志を形成することこそ、重要だと考えた。

社会の伝統の中には、先人が築いてきたい理想や、あるべき姿がきざまれている。こうした理想を学び、自分のものにすることこそ、私たちの課題だということを意識すべきだ、というのがナトルプの主張である。「自分勝手」が横行する今日でこそ、私たちはこの言葉をよくかみしめるべきであろう。

◆ナトルプ（P.Natorp:1854-1924）哲学者にして教育学者。哲学者としては、ドイツのマールブルク学派に属し、新カント主義の立場をとった。ペスタロッチーの人間政育の思想に深く共鳴し、他方、ヘルバルトからは一定の距離を置いた。教育における「意志」の重要性を指摘した。自分本意、個人の勝手に振り回される教育に対して、社会の持つ教育上の意味を認識すべきだと、警鐘を鳴らし、体系的な教育学を提起した。

（大沢　裕）

22 国民のための教育

新しい教育が特別の階級の教育とはならないで、国民の一人の例外もなく国民そのものの教育となるのである。

（フィヒテ『ドイツ国民に告ぐ』より）

教育の役割として、子どもたちの発達の援助、文化の伝達と創造、社会の存続と改革など様々な観点が指摘される。いずれも、その基本には「国民のための教育」が挙げられ、それを実現し実践するため、国家は教育制度を生み出してきた。ヨーロッパの教育制度の歴史を見てみると一六世紀、宗教改革が行われたとき、ルターは宗教の普及や宗教的な情操を共有するという宗教的意図に基づいた教育制度を作り上げた。また一八世紀半ばのフードリヒ大王による「一般地方学事通則」は、世界初の初等教育制度であったが、軍事的、経済的な要請に応えることを目的とした。これらの教育制度は、いずれも義務教育制度の先駆けとして評価されるものの、宗教を普及するための教育、あるいは富国強兵（産業と軍事力の強化）を目的とした教育であって、現代のような「国民のため」、「子どものため」の教育制度ではなかった。

こうした教育制度のあり方に一石を投じたのがフィヒテである。フィヒテは連続公演『ドイツ国民に告ぐ』（1807-08）の中で、教会の支配を免れ、国家の支配のもと、一般的かつ共通の基礎教育を与える国民教育制度の創設を訴えた。フィヒテによる教育の目的は、子どもの自発的な活動を推進し、真理のために真理を愛し、善のために善を愛することであった。ここでいう真理とは、単に道徳的な行動をとるためのものではなく、道徳の根底にある神に対する畏敬、敬虔な心の養成にあった。言い換えれば、モノやお金を獲得する物質的欲望を超えた、愛や善といった精神的な充実を獲得することを教育に求めたのである。精神的な充実は個人によるものだけでなく、国家としての役割も重要である。各個人が生活経験によって得る精神的な充実は、国家発展の一要因となり、この充実をもって国を愛する心をもった善良なる市民が生まれると考えたのである。

しかし、ここで注意しておきたいことは、フィヒテは国家主義や社会主義を強調したわけではない。彼が主張したことは、国家への完全な愛ではなく、それを超える祖国への愛である。さらに、祖国愛は国家の支配者に対する愛ではなく、国民に対する愛を願うものである。つまりフィヒテがドイツ国民に訴えたことは、まさしく「平和」なのである。

二〇一八年に学習指導要領が改訂され、道徳を教科とすることが示された。道徳科教育の目指すところは、国家に対する忠誠心・愛国心ではない。人間として倫理的に望ましい姿を考え、自分自身で理想を追求していくための実践力を育むことである。わが国の道徳科教育をふまえても、フィヒテの教育思想は二〇〇年以上経った今日でも決して色あせてはいないのである。

◆フィヒテ（J. G. Fichte : 1762-1814）　ザクセン侯国オーバーラウジッツに貧しい職人の長男として生まれる。幼少期より神童の誉れ高く優秀であった。大学では神学、哲学、法学を修める。フランス占領下にあって連続公演『ドイツ国民に告ぐ』を行い国民教育の必要性を訴えた。ベルリン大学開設の計画書を提出、大学開学の翌年初代総長となる。ペスタロッチの教育思想や教育方法を高く評価し、これを尊重した。

（今井康晴）

23 様々な形の教育が存在する

人々が行い、考え、感じ、教育について語っていることが、すでに教育の一部なのである。

（ランゲフェルド『教育の理論と現実』より）

人間の、持つ、感じ、考え、語り合うことができる、という能力こそ、最もほかの動物と違うことなのではないだろうか。この自らが考え、他者と語り合うことができる、という行動が可能であるからこそ、人は文化を継承し、発展させることができたのであり、そこに教育が産まれ得た、といえよう。つまり私たちが今こうして存在し、生活しているということは、感じ、考え、語り合っているからこそ、なのである。

もちろん生活の中では他者とぶつかり合うこともあるだろうし、自らが考えすぎて深い悩みを抱いてしまうことも当然あろう。しかし、見方を変えれば、だからこそ自由で大きな可能性を持っているものが人間であり教育である、と捉えることもできる。そしてその自由と可能性こそが教育者に与えられた特権ともいえるのではないだろうか。

では、子どもの発達を人間学的に捉え、人間としての発達過程における基本的な課題を明らかにすることを説いたランゲフェルドは、教育の目的をどのように捉えていたのであろうか。ランゲフェルドは「人間は教育されるべき存在（homo educandum）」とも説いている。この「教育されるべき存在」とは、本来何かが欠如している存在であるために教育されなければ生きていくことのできない、という消極的な意味ではない。教育をされることこそ人間の特権である。教育をうけることにより自然を超えうることのできるという、その人間にだけ与えられたその可能性を実現することのできる、積極的であり、なおかつ大きな可能性に対しての喜びを表現したものである、とも考えることができよう。もちろんその点に関して簡単に一言で表すことなどできない。しかし、冒頭に引用した『教育の理論と現実』の中においては、前記の言葉に続けて「人間とは何かという問いかけに対する明確な答えがない以上、教育の目的に対する答えもまた存在しえないのである」と続けて説かれている。このことから考えても、教育に関して、また人間の何かに関しての考え、感じ、語ることは不可欠であり、その行為のさらに先に実践するべき方法などが初めて生まれる。そして、そこにこそ教育の目的が存在すると考えることもできる。

それ故に教育に関して多くの人々が感じ、考え、語ることには大きな意味がある。それが肯定的な意見であったとしても、時には反対の意見であったとしても、どちらにも意味があり、そのどちらも否定してしまうべきではない。教育について大いに感じ、考え、語ること、そしてさらに一番大切なのは考え、感じ、語ったのちに、それをどのような形にし、どのように行動するか、なのである。

◆ランゲフェルド（Martinus Jan Langeveld：1905-1989）オランダの教育学者、教育人間学者。長年ユトレヒトの教授を務めた。ランゲフェルドは、「人間はみなはじめは子どもとして生まれ、存在しているという自明のことに人間の本質を洞察し、人間学を展開し、それ故に教育を必要とする存在」、という考え方をとっている。主な著作は『理論的教育学』。

（野末晃秀）

24 社会の教育の機能とは

社会の教育の機能とは「成人が成長しつつある人の精神生活を陶冶（形成）しようとする具案的な活動」である。

（ディルタイ『シュライアマッハーの生涯』より）

教育という言葉を論ずるとき、大きく三つの視点が挙げられる。一つ目は学校教育、二つ目に家庭教育、三つ目に社会教育である。このなかで、社会を教育の機能とみなし、その重要性を説いたのがディルタイである。では、社会における教育の機能として何が挙げられるだろうか。

社会が存続し、発展するうえで、人間として必要不可欠なものがある。例えば人間性、正義感、平等性、協調性、人権を尊重する心、自然を愛する心などである。また、それぞれの国で、母国語、歴史や伝統、文化などを学ばせ、継承し大切にする心も重要である。これらの心情はいつの時代、どの国でも必要不可欠である。これらの変わらぬ価値を育成していく際に、学校教育だけでなく生活する社会で育むことも重要であり、そのことによって社会は存続し、さらなる発展が期待されるのである。

ディルタイは従来の教育学がどんな時、どんな場所でも適切に当てはまるように発展してきたことを批判した。そしてこれまで教育学が見逃してきた民族性、時代性、歴史性に焦点をあて、それぞれにある体験や経験を表現、理解、解釈することを提唱した。ディルタイによれば、教育は陶冶《とうや》（人間のもって生まれた素質や能力を理想的な姿にまで形成すること）しようとする人間の具体的な活動と位置づけ、人間の理解に基づいた人間形成のための学問として教育学を主張した。したがって、人間が実際に体験したことを様々な形で表現し、それを理解する過程で具体的、現実的な生き方に立ち返ることから解釈を始めるべきであるとする。

これに基づく教育内容や目的は、その時代に生きた人間や民族の具体的な場面から導き出される。教育活動は、実際の状況や行為の特殊性をもっと理解される。ゆえに、教育学の課題は、歴史的、社会的な現実となる。そして個別な事例をフィールドワークやインタビュー、また物語などの記述の分析から解釈し、類似性や継続性をふまえ教育実践に反映していくのである。

ディルタイに基づけば、人間が生活しているあらゆる場面に、教育的機能が組み込まれているため、意図することなく、社会や文化、人々を陶冶へと導こうとする。子どもたちにとっての身近な社会として、学校が挙げられるが、学校だけの教育ではなく、学校、家庭、社会を包括した機能を再考しなければならない。また子どもに限らず、大人でも職場で熟練者が知識や技能を伝達するだけでなく、個別の職種にある文化、慣習を含め教育する。結局は、社会も個人を最高の形まで高めるため、社会の教育的機能を見逃してはならないのである。そのとき数値化された量的な教育のあり方ではなく、人間の内面に迫る質的な教育のあり方を、ディルタイは強調しているのである。

◆ディルタイ（Wilhelm Dilthey：1833-1911）ライン河畔ビーブリッツの牧師の家庭に生まれる。ハイデルベルク大学でヘーゲル哲学を学ぶ。「シュライエルマッハーの倫理原則の批判」で学位を取得した。バーゼル大学、キール大学、ブレスラウ大学で教鞭をとり、１８２２年ベルリン大学の教授となった。１９１１年チロルへの避寒旅行途中、客死。

（今井康晴）

column

◆教育の特徴

物事の本質を捉えるときには、反対のものをもってきて説明するとよい。人間の特徴を説明するときには、動物と対比させれば、わかりやすく説明できる。善の反対は悪、美の反対は醜、といった対置・比較は容易である。しかし教育の反対は何であるか、その言葉を見つけようとすると、これが意外に難しい。むしろ教育ではないものをあげる方が、はるかに容易である。教育とは言えないものは数多い。暴力、虐待、無視、いじめ、差別、冷酷、犯罪等。要するに、教育の中に入って欲しくない一切が、これに該当する。

ある意味そのことは、教育が理想へ向かう働きであることを、示すものである。つまり理想へ向かわないもの、理想に該当しないものは、教育の中に含まれるべきではない、ということである。もちろん理想といっても、様々なとらえ方がある。教育の理想は、子どもの理想であり、大人の理想であり、かつまた社会の理想である。考えてみれば、これほど多様な要素が入り組む働きはないと言ってよいのではないだろうか。

しかしまた他方では、教育の特徴は、誰しもが語ることができると信じ込む種類のものでもある。大多数の人間は、人生の間に、何度も病院・医者の世話になる。しかし病気の治療のことを、医学的に専門的に語ることのできる人は多くはない。ところが教育は、誰しもが受けた経験があるし、誰もが教育とは何かを十分に語ることができる、と信じがちなのである。医者に説教をする患者は、ほとんどいないだろう。しかし、教育学について学んだことがないのに、自分の子どもの担任教師に説教をする保護者も、ちまたには見られがちである。

教育は、通り一遍に捉えることは難しいが、しかし誰もがよくわかっていると信じがちの事柄であると言えるだろう。

Ⅳ　子どもを知る

25 教育の原点は子ども

子どもというものは、自分のいったことや他人からいわれたことはすぐ忘れてしまうが、自分のしたことや他人からされたことは容易に忘れないものである。

（ルソー『エミール―または教育について―』より）

ルソーは、この言葉と関連して、子どもが自分の行為を忘れないという特質から、大人はできる限り行為によって教えるがよい、と考えている。子どものしつけをする場合に、たいていの大人（親・教師）は、言葉が先である。しかも、やってみせるという行為の模範が、ともなわないことが多い。これは、子どもというものの性質をつかんでいないからである。たとえば、子どもが手に触れるものは何でも壊してしまうような場合、親は怒ってはいけない。ルソーに従えば、子どもが壊しそうなものは、手の届かないところに置いておくのがよい方法である。子どもが自分のものを壊したら、すぐ代わりのものを与えず、それが壊れたことの不便さを、子どもに感じさせることが重要である。というのは、子どもが、自分のなしたことを、実感として受けとめることができるからである。

ルソーは、続いて、子どもが破りたくなるような約束はしてはならない、とする。約束は、子ども自身が言い出すようにしなければならない。親の押しつけた約束ではいけない。そして、約束を実行したときは、いつでもすぐ目に見える利益が生じてくるようにする。もし約束を果たさなかったならば、そのために種々の不利益が子どもに生ずるようにする。物事の秩序から、自然と不利益が生じてくるように仕向けるのである。

子どもというのは、大人と根本的に違う存在であり、子ども固有の空間で、子ども固有の生活ができるように、外の生活から隔離し保護されなければならないという考え方が、ルソーの信念の中核にある。ルソーのいう「自然」はさまざまな意味をもった重要な概念であるが、要するに人間の本来のあるべき性向のことを指し示すものである。本来の人間の姿は、人間性に反しむやみにゆがめられてはならないのである。したがって、子どもの教育は、まずこの自然の望むところに従わなければならない。

「子どもである」ということについて、ルソーは、子どもは大人の理性とは区別された固有の「感覚的理性」をもった存在として考えている。それは、直接自分の五感で経験したさまざまな印象から具体的で確かな知識を自ら創り出す存在である。つまり、子どもは自分の感覚的な経験を超えたような抽象的な言葉や観念に対しては、決して理解することも、それにしたがうこともできない。子どもが大人になる前に、まず子どもという状態を過ごすということ自体は今日自明なことである。しかし、大人と子どもの区別がとてつもなくあいまいになっている現在、ルソーのいう子どもの「自然に帰る」ことを再度考えてみる必要があるだろう。

◆ルソー（Jean Jacques Rousseau:1712-1778）　18世紀にフランスで活躍した社会思想家。1750年に『学問芸術論』を発表、思想界で注目される。続いて『人間不平等起源論』（1755）、『社会契約論』『エミール』（1762）を相次いで出版し、社会改革と個人主義教育を主題とした。またルソーは、教育史上、「子どもの発見者」と尊ばれている。

（中島朋紀）

26 生まれたときは、誰でも良い子ども

惻隠《そくいん》の心は、仁の端《はじめ》なり。羞悪《しゅうあく》の心は、義の端なり。辞譲《じじょう》の心は、礼の端なり。是非《ぜひ》の心は、智の端なり。人の是の四端《したん》あるは、猶《なお》其《そ》の四体あるがごときなり。

（『孟子』にある孟子の言葉より）

「惻隠《そくいん》の心」とは、かわいそうだと思う気持ち、「羞悪の心」は、悪いことをして恥ずかしいと思う気持ち、「辞譲《じじょう》の心」は、ゆずりあう謙虚な気持ち、「是非の心」は、物事を筋道立てて考える心である。孟子は、人間の教育目標を「仁義礼智《じんぎれいち》」と捉えていたが、それらが、どのような人間の心から発展するか、その端緒について説明した言葉である。

つまり、かわいそうだと思う気持ちが「仁」（思いやりの心）に発展する。恥を知る気持ちは、「義」（正義の心）に発展する。譲り合いの気持ちは「礼」（礼儀の感覚）に発展する。物事の理屈を考えることが「智」（学ぶ心）につながる。こうした気持ちは、人間にとって、あとから追加されるのではなく、自然に備わっているものだ、という意味である。

この言葉は、人間は生まれながらにして善いものだという立場（性善説）に立つ、孟子の考え方をよく表している。つまり、子どもたちの中にあるかわいそうと思う気持ち、恥の感覚、譲り合いの気持ち、ものの道理を考えていく気持ちが、芽となって、将来の人格形成につながっていく、というのである。

孟子の教育思想は、悪しきものを矯正するよりも、良きものを伸ばしていくべきだ、という前向きの考え方に立っている。この主張は、特に現代の初等教育の場合にも当てはまる考え方であろう。もちろん悪から目をそむけてよいわけではない。しかし重箱の隅をつつくように、悪いことばかり指摘されたのでは、誰しも、いやになってしまう。主として人間の良き面に目を向けながら、教育を行いたいものである。

ところで孟子は、人間にはこうした徳性が誰にも備わっていると考える一方、人間の才能は必ずしもみな同じと考えていたわけではなかった。彼は、「英才」の教育についても言及している。つまり誰しも善人になる徳性がありながら、その備わり方、またその後の発展・展開の仕方は、万人みな必ずしも同じではないのである。この意味で、個々の人柄に向き合って、真剣に接して教育を行う必要性もまた出てくる。

先に述べた孟子の教育の目標「仁義礼智」、それを達成するためには、子どもたちがある程度育ってからでは遅すぎる。むしろ人間が生れたときから、将来に向けて育っていく芽がある。だからこそ、それに対する注意深い配慮、まなざしというものが必要になるのである。つまり孟子は、直接的ではないかもしれないが、幼児教育の重要性を示唆していたことになる。

◆孟子（B.C.372頃-B.C.289）儒教の祖、孔子の思想を受け継ぎ、発展させた。儒教の重要な思想家と言われる。しかし孔子と孟子は直接の師弟関係にはない。教育環境の重要性を示した「孟母三遷」は、孟子の母と孟子自身の逸話と言われている。わが国に伝わってきた、親を大切にする心、長幼の序などの考え方は、孟子によるところが大きい。多くの日本の思想家と同様に、吉田松陰も、孟子の思想に共鳴した。

（大沢　裕）

27　子どもの活動は主として遊び

我々の子どもや息子のたしかな幸福のために、彼らの遊戯や青少年の自由な仕事を、空虚な無意味な、また偶発的なものと考えてはならないであろう。

（フレーベル『幼稚園教育学』より）

昨今では、幼稚園における保育の中に、英語、漢字、算数……といった、様々な保育内容が用いられ、百花繚乱《ひゃっかりょうらん》の状態となっているが、本来、幼児教育にとって必要なものとは、果たしてそのような「目に見える」保育内容なのだろうか。フレーベルの開設した幼稚園では、お遊戯、お絵かき、生活体験といった事項が重要視され、幼稚園（保育）における大切な活動は、子どもたちの自由な遊戯であると述べている。フレーベルはまた、永遠の法則こそが神聖なものであるために、幼児の本性《ほんせい》も神聖なものであると考える。ここでいう神聖なものとは、生命に満ち、生命を生み出し、絶えず生成発達しつづける性質のことであり、それゆえに幼児が何かを生み出し、創りつづけることこそが本来持っている本性なのではないか、とも述べている。

日々の集団の遊戯の中から、様々な基本的な生活習慣を育成したり、様々なルールや知恵を学ぶことが重要なのであり、そこには楽しさと発見がなくてはならない。そのためにも、遊ぶ、という活動を常に保育者は忘れてはならない。故にフレーベル自身は早教育そのものに反対していたし、子どもは五歳までに生涯における大切な事柄の多くを学ぶ、とも説いている。人間の未来の生活は幼児期に源泉を持っているからこそ、保育者や保護者は幼児期の遊びを重要視し、遊びを通して教育を行わなければならないと、繰り返し述べている。遊びこそが最も重要な行為である、と表現しても決して過言ではないだろう。

その考え方からも、幼稚園における保育はすべて子どもの遊び中心として考えるべきである。時間割が整い、教科が区切られた、あたかも小学校の予備校のような保育内容を幼児期の子どもに用いることが、幼児教育の望ましい姿だろうか。

フレーベルが幼児教育のために開発した「恩物」も、球体や立方体などの数学的な原理の学習に用いるためのものではある。しかし、それらは子どもの生活の周囲にあるものを、形として「遊ぶ」ためのものであり、そこでも「遊び」の重要性を置き忘れたものでは決してない。

フレーベルが説くように、子どもたちが遊ぶことは、空虚なことでも、無意味なことでもない。遊びこそが子どもにとって最上の時間であり、必要不可欠な体験である。十分に遊ぶことがないまま幼児教育を終えることこそ、一番空しく、悲しいことではないだろうか。もう二度とかけがえのない時間は戻ってこないのだから。

◆フレーベル（Friedrich Wilhelm August Fröbel : 1782-1852）ドイツの教育学者。1837年に世界初の幼稚園として「一般ドイツ幼稚園」を開設。幼稚園（Kindergarten）という言葉は彼の造語であり、現在でも彼の貢献を継承する意味で、英語においてもKindergartenと表記される。また子どもの創造力を高め、保育活動を効果的に行うために恩物を生みだした。恩物は第一から第十まである。主な著書は『人間の教育』。

（野末晃秀）

28　子どもを信じて、人生を約束する

私は、憎しみは何ものをも救わないと信じ、そして子どもの味方になることのみが、幸福な学校生活とそれに続く幸福な人生を約束する唯一の道であると信じていた。

（ニイル『ニイルのおバカさん　A・Sニイル自伝』より）

この言葉は、ニイルの自伝の冒頭に書かれている言葉の一部である。原著の出版は一九七二年であり、彼が死去する一年前に書かれた最晩年の著作と言ってよいであろう。

ニイルの教育思想は、子どもたちを伝統的な価値観や行動様式からまず解放し、子ども一人ひとりが自身で判断する機会をつくり、責任において自由に行動させることにある。そして、この思想は、児童の自主性の尊重を特色とした大きな教育の変化（イギリス進歩主義教育）を生んだ。

ニイルは、生涯を通し子どもの教育・養育こそが子どもの幸福にとって最も重要なものだとした。そして、子ども一人ひとりの自由を最大限に認めることこそ、子どもの幸福に最も寄与することだと考えていた。この思想は、当初、社会ではほとんど受け入れられず、「新教育」の異端児として扱われることもあった。そんな彼が、現代でも教育研究者・実践家として語り継がれる理由がある。それは、サマーヒル・スクールという「世界で一番自由な学校」を創立したことにある。この学校は、子どもが授業に出ることを強要しない。また、サマーヒルは、ネグレクトや不登校の子どもたちを多く

受け入れていた。このため、現在の学校問題の議論にも取り上げられることもある。

サマーヒルは民主的な学校であり、すべてのものごとを生徒と教師による会議で決められた。生徒も教師と同様の権利が与えられていた。これで、授業が成り立つのか。出席するのか。疑問に思われることも多い。しかし、学習に積極的に取り組んだり、授業に出席したりすることなど、多くの場合、他の教育機関とさほど変わらないものであった。むしろ、より高い教育の効果を発揮するとさえ言われている。ニイルの、「子どもの味方」でいるという言葉は、ただの「自由奔放」、「勝手気ままの保障」ではない。自分で決める（自律）という自由のもと、互いが行動に対して責任をもつ、自治上での「自由」なのである。

わが国では、これほど、子ども自身を信じ、味方となり、教育をすすめることを、どれほどの教育施設が行っているのだろうか。教育現場における教師の時間や労力を考えれば、このような教育実践は非常に難しいだろう。しかし、子どもの味方でいることを、教師は諦めてはいけない。それをニイルは体現している。平凡な一人の教師（実践者）として、彼は確固たる信念を貫き、子どもの幸福を保障する唯一無二の場所をつくることに生涯を捧げた。教師を志す上で、子どもを信じるということの尊さについて、彼は時代を超え、今も私たちに語りかけ続けているのだ。

◆A・S・ニイル（Alexander Sutherland Neill : 1883-1973）　イギリスの新教育運動の教育研究者であり、実践家である。サマーヒル・スクール創設者として有名である。彼の教育思想と実践は、1960年代の英米のフリースクール運動に大きな影響を与え、多くのフリースクールのモデルとなった。1945年の著書『知識よりも感情』では、当時の知育を重要視し、知識のみの詰め込みへと偏る教育へ警鐘を鳴らしている。

（山田徹志）

29 差別のない平等な教育

人材を教育するのは善の大なるものなり。

（広瀬淡窓『再新録』より）

教育の重要な観点として、平等性と公共性が挙げられる。教育基本法第三条では、教育の機会均等について示されている。現代では当然のように思われる教育理念ではあるが、これを江戸時代に実現した人物こそ、広瀬淡窓《たんそう》である。

まず、江戸時代の教育制度に目を向けると、それぞれの身分や門地によって藩校、私塾、寺子屋の三つに分類される。藩校は、各藩によって運営され、自藩の有能な人材の育成と武士の教養レベルの向上を目的とした。寺子屋は一般庶民の子弟を対象とした教育機関で、有識者（医者、学者、僧侶、神職など）が基本的な読み書き算数を教えていた。私塾は、現代でいう大学のような教育機関で儒学者・国学者・洋学者が開設し、漢学・洋学・算学・国学・武芸など様々な教育が行われていた。

広瀬淡窓は、江戸時代を代表する私塾「咸宜園《かんぎえん》」の創立者であり、塾主として幕末、維新を支える多くの人材を輩出した教育者である。「咸宜園」の主な特徴は三点挙げられる。第一に、藩士の子弟のみを対象とした藩校に対し、「咸宜園」の名称にあるように「咸《ことごと》く宜《よろ》し」を掲げ、身分は問わず誰にでもその門戸を開いた。それは三奪法《さんだつほう》とされ、入門者のそれまでの学歴、地位・身分、年齢の三つにとらわれず、塾生活の発足にあたって皆平等としたのである。当時の身分制度社会のなかで、平等を基本とした私塾は全国に類をみない一大特色であった。第二に、月旦評《げったんひょう》（月初めに張り出される成績表）が挙げられる。三奪法によって同一出発点に立った塾生は、毎月初めの試験によって評価され、月旦評にその名が記された。月旦評では一九の階級が設定されるため、怠惰の抑制や学問に対するモチベーションの向上に貢献した。第三に役務《えきむ》の確立である。全国各地から集まる塾生たちの共同生活とその教育を維持、運営、管理することは困難を極める作業であった。そのため塾生の中から、優秀なものは淡窓の代理として塾を統括する役割を当てられた。つまり共同生活を営む上での必要な役割を各々に与えることで、自治能力と自己責任能力が養われたのである。

このように、「咸宜園」は平等性、公平性を基本としつつ、塾生同士の競争によって優秀なものには役職を与えるなど能力主義に基づき運営されていた。淡窓は、人間として基本的な「道義《どうぎ》（人としての正しさ）」を身に付ける事が重要であり、私利私欲に基づく知識の獲得は人間を危うくすると考えていた。この淡窓の考え方を現代に照らし合わせるとどうだろう。医学を志す女子受験生に対する得点操作問題など、平等・公平にほど遠い問題に直面する。教育とは何かについて考えるとき淡窓にその答えを求める事ができるのではないだろうか。

◆広瀬淡窓（1782-1856）　1782（天明2）年豊後国（大分県）に生まれ、江戸時代に活躍した儒学者・教育者。1817年に私塾「咸宜園」を開設した。幕末期には全国的規模で学生を集め多くの人材を世に輩出した。淡窓は、個性を認め、個々の才能を伸ばす天才的な教育者であった。同時に、塾を組織し運営したことから教育者のみならず経営者として非凡な才能も伺える。

（今井康晴）

30 皆の力が認められる幸福

幸福とは、われわれがそれなりに持っている力を伸ばすことである。

（エレン・ケイ『児童の世紀』より）

エレン・ケイが目指したのは、子どもたちが本来持っている力を信頼しながら、彼らの興味・関心に基づいた教育をすることであった。これは、当時の公教育機関が高圧的に子どもに詰め込み教育をしていたことに対する批判でもあった。実際、彼女は児童中心教育運動の中で、「教育の最大の秘訣は、教育しないことにある」とも述べている。これは、エレン・ケイ自身が、母親に文法や算数を教わり、本を読んだり、図書館に行ったりした過程で自らが主体的に学んだという経緯が関係している。

これらの主張は同時代の発達心理学などの科学的見解にも沿うものであった。同時期に活躍した心理学者のゲゼルの発達研究はその一つである。ゲゼルは一卵性双生児二名に階段上りの実験をした。この実験から早期から訓練する場合とそうでない場合とで運動機能（階段の昇降）獲得がどのように変化するかを検証した。結果、訓練量は関係なく子どもの能力育成に一方通行の早期教育が効果的ではないことが示される。ここから行動や知識を習得する時、子ども個々に適した時期があることが述べられた。それは、現在、レディネス（学習者の心身の準備状態）と呼ばれる。そして、この発見は詰め込み教育の意味を問い直すきっかけとなった。

この実験結果は、エレン・ケイの「教育しない」という教育に対する思想・観点と共通する部分をもっていた。なぜなら、彼女が示す「教育しない」とは放任ではなく、子どもが自ら育とうとする力の見守りにあったからである。その上で、子どもの能力は生物学的にみても均一ではなく、それぞれ特性をもつ存在だと捉えている。だからこそ、子ども個々が「もっている力をそれなりに伸ばすこと」が教育の機能として重要であるとした。

「もっている力をそれなりに伸ばす」というのは、少し投げやりにも聞こえるが、現代の教育においても重要なメッセージを投げかけている。現代の高度情報化社会では、多くの知識や情報を得ることに価値が置かれがちである。例えば、子どもの教育の仕方にも多くの選択肢があり、子どもにとって過度に教育を求め、多くの知識や技術を一方的に詰め込むこともできてしまう。だからこそ、教育する者にとっては、まずは「教育しない」(放任ではない)くらいのゆとりある気持ちで子どもの姿を冷静かつ客観的に観察して、子ども一人ひとりの持つ力(個性・特性)を見極めることが重要なのではないだろうか。その上で、その能力を「それなりに伸ばす」。そのとき、安易にトップレベルを目指すのではなく、子どもが自信をもつ(自発的に学びをすすめる)ための援助・指導の方策を行うことが求められるのであろう。大人が一方的に子どもの目標を決めるのではなく、子ども自身が目標を見出した時、それを達成するための手伝いをすることが、大人(教育者)の役割の一つであることの重要性を私たちは忘れてはならないのである。

◆エレン・ケイ(Ellen Karolina Sofia Key : 1849-1926) スウェーデンの教育学者であり、母性や児童教育に関わる議論で有名である。主著は『児童の世紀』。また、女性運動に関する著作は、女性と男性の生物学的差異について議論するなど、科学的な視点からの主張を多く残している。

(山田徹志)

31　欲求の強さと子どもの生きる力

年齢の理解力と好みに適した欲望をもつことは間違いではなく、そうした欲望を理性の支配と抑制の下に置かないことが間違いなのです。その違いは、（中略）自らを統制し、拒絶する力があるかどうかにあります。

（ロック『子どもの教育』より）

我の強い子ども、特に集団の中で自分の欲求を強く主張する子どもがいるとき、私たち大人はしばしば「問題のある子ども」として見てしまいやすい。おとなしく協調性のある子どもと比べれば、なおさらである。

私たちは、手のかからない子どもが良い子どもだと捉えがちだが、そこには大きな落とし穴があることに注意しなければならない。

教師が教育の意図を持って働きかけているにしても、素直に受けいれなかったり、自分の我を通そうとする子どもは「良い子どもではない」のだろうか。

逆に「指導しやすい」ことが、教師から見た「都合の良さ」からくる評価になってしまわないだろうか。

教育の仕事とは、他者の意図のままに動く従順な子どもを育てるためではなく、子どもが自分の意志で正しく判断し行動できる、一人の人間へ成長するための手助けであろう。

子どもの欲求の強さの中にある「意志の力」を認めながら、状況の中で「自分の欲求を制御できる力を育てること」の重要性をロックは説いている。

ロックは子どものわがままについても鋭く観察し、生まれたときには「白紙」である子どもが教育によって、調和的で自分をコントロールできる人間になるために何が必要かを詳細に考察した。子どもを教育指導の対象としてだけでなく、社会の未来を託す存在として尊重し、優れた人間に育てることを考えるロックの教育観から学ぶことは多い。

哲学者として、近代の社会や政治のあり方に大きな影響を与えたロックは医師でもあった。一流の知識人であったロックだが、彼はその教育論の中で知を第一に重んじることはせず、まず健康な身体を育てるために必要なことから論じ、心身のバランスのとれた人間を育てることを重視している。

ロックの生きた一七世紀のイギリスは、絶対王権を主張する勢力と、議会政治による民主主義を実現しようとする勢力が武力をもって争い、ロック自身も政治亡命を余儀なくされる波乱の人生を送っている。

統治する者とされる者の関係を絶対視せず、すべての人間が自分の意志をもって社会に参加すべきという考え方は、教師と子どもの関係にも適用できる。それは、子どもの中に人間として生きる力を認めるロックの視点と、共通点があるのではないだろうか。

◆ジョン・ロック（John Locke：1632-1704）哲学者。イギリスでピューリタン（清教徒：プロテスタント）の家庭に育ち、オクスフォード大学で哲学と医学を学んだ。政治家シャフツベリー卿に認められ主治医、秘書として仕えながら医学、政治、哲学、経済などに関する著書を発表した。代表的著作は『寛容についての手紙』『統治二論』『人間悟性論』など。ロックの哲学はイギリス政権の精神的・理論的支柱として重んじられた。

（藤田寿伸）

32　労働と体罰からの子どもの解放

人間の性格は彼自身によって作られるのではなく、彼のために作られる。

（オウエン『新社会観』より）

人間の成長や発達について論じるとき、素質や遺伝を重視する立場と環境の影響を重視する立場とに大別される。前者は「カエルの子はカエル」の諺《ことわざ》にあるように、生まれ持った才能を強調する。後者は「トンビがタカを生む」の諺にあるように、生まれ育った環境（社会、家庭、教育、文化など）を強調する。これらの立場に対してロバート・オウエンは、人間の性格は生まれながらの素質が環境との関わりにおいて形成されるとし、環境としての教育の重要性を主張した。

オウエンが生きたイギリスでは、18世紀後半から産業革命が起こり、貧富の格差の激しい社会であった。とりわけ一般民衆やその子どもたちは、悪質な環境下での過酷な長時間労働を強いられ、教育の中でも特に家庭教育の機能が失われていた。こうした社会情勢をふまえオウエンは、工場経営者として、産業革命がもたらした人間の荒廃と社会の混乱、衰退に立ち向かっていた。

オウエンは、経営するニューラナークの工場村の中央に「性格形成学院」という学校を開設した。この学校では、①この村のすべての住民の直接の福祉のため、②近隣社会の福祉のため、③イギリス全土の社会改革のため、④世界すべての国々の改善のため、という四点を目的とし、貧困や犯罪のない理想的な社会を目指した。とりわけ幼少年の労働問題に取り組んだ。当時は五、六歳になると不潔な狭い工場での一日一五時間以上の労働が日常であった。これに対し、オウエンは、子どもたちの劣悪な環境の改善と過酷な労働からの解放を試みた。

「性格形成学院」では、一歳から六歳までの幼児教育施設を備えていた。これは工場で労働に従事する親たちの子どもの教育を対象としており、現代の「企業主導型保育事業」の先駆である。オウエンは良好な性格形成のためには、優れた環境や教育が必要不可欠であると考えた。そのため、教育内容として戸外での遊び、集団遊びなど自然のなかでの実物教育、またダンス、歌唱、体操なども取り入れた。「性格形成学院」は、生涯学習施設として労働を終えた後、夜間学校としての役割もになっていた。オウエンは、最善の教育制度をもつ国家こそ、良く統治された国家であるという信念に基づき、環境による教育の重要性を強調しつつ、国家による良質な公教育制度を訴えるのであった。

教育基本法第一一条では、幼児期の教育の意義を「生涯にわたる人格形成の基礎を培う重要なものであること」と示している。ゆえに「国及び地方公共団体は、幼児の健やかな成長に資する良好な環境の整備その他適当な方法によって、その振興に努めなければならない」とする。わが国の教育の根幹をなす教育基本法の中にも、オウエンの思想は今なお生き続けているのである。

◆ロバート・オウエン（R. Owen : 1771-1858）１７７１年イギリス中部ウェールズの田舎町ニュータウンに生まれる。幼少期から勉強家であり、7歳には一通りの知識、技能を習得した。16歳から、マンチェスターの工場で働き、19歳のときには工場経営者となり、20歳で５００人の従業員を抱える大工場の支配人となった。１７９９年ニューラナーク（スコットランド）に紡績工場を建設し、理想郷を作り上げた。

（今井康晴）

column

◆思い込み

長年教育に携わると、子どもの特性がわかり、容易に扱うことができるかのような錯覚に陥る教育者は案外多いのではないか。しかしそれは、大きな錯覚だろう。確かに大人とは違う子どもの特性をあげることは難しくない。単純、無邪気、素朴、素直、感覚的・直感的、あるいは自己中心的、未成熟、といったように。また子どもの発達の段階は、教育の先人たち、あるいは研究者が見つけようとしてきた道筋である。この知識を得て、なおかつ多くの子どもと触れていけば、なるほど子どもの極めて多くのことを知ったことになる。経験の蓄積と、子どもについての知識が、子ども理解を促進するのである。

しかし今述べたような子どもの特徴、あるいは発達段階は、子ども一般のことを説明しているだけである。個々に生きる子どもたちのことを言っているわけではない。また教育経験をいくら重ねても、未知の、想定外の子どもに出会う可能性も否定できない。かつて「キレる子どもたち」が話題になった時期があった。それは、今まで知られなかった子どもの一面として、社会的に大きくクローズアップされた。

同様の想定外の事態は、今後とも起こりうる、と私たちは考えなければならない。今まで出会わなかったような個性をもった子どもと出会う可能性も今後起こりうることである。

熟練者に陥りがちの隘路《あいろ》、それは、初めて接する子どもは、一回きりの生涯を送る存在であるはずなのに、あたかも前から接していたかのように容易に対応でき、あるいは操作できると思い込んでしまうことである。人間、同じ事柄をなそうとすると、どうしても対応に丁寧さを欠き、なすことが粗雑になっていく。子どもを知ったと高みに上るより、まだまだ子どものことがわからないと努力する人こそ、子ども理解の達人だと言えよう。

V 教育するコツ

33 わくわくさせる教育

憤《ふん》せずんば啓《けい》せず。悱《ひ》せずんば発《はっ》せず。一隅《いちぐう》を挙げてこれに示し、三隅《さんぐう》を以《もっ》て反《か》えらざれば、則《すなわ》ち復《ま》たせざるなり。

（『論語』にある孔子の言葉より）

孔子のこの言葉は、「わかりそうでわからず、わくわくしているのでなければ、指導しない。言えそうで言えずに、もぐもぐさせているのでなければ、はっきり教えない。（四角い机の隅（角）に例えて）一つの隅《すみ》を取り上げて示すと、あとの三つの隅でこたえるというほどでないと、くりかえすことをしない」という意味である。

『論語』は孔子の逸話や弟子とのやり取りなどを記録した言行録である。多くの弟子がいたことから、彼らに対する教育的な内容も多く、その内容は今日でも改めて考えさせられるものばかりである。

右に紹介したこの言葉は、孔子が人（または弟子）にものを教える際の、基本的な姿勢を表したものである。孔子は、「ものを教える」ことを、一方的に伝達するような姿勢で関わることとは考えていなかった。先ず孔子が注目したことは、教わる側（学習者）の「学びの姿勢」である。『論語』の別の箇所には、孔子が「如之何《いかん》、如之何と曰《い》わざる者は、吾《わ》れ如之何ともすること末《な》きのみ」（どうしようか、どうしようかと言わないような者では、私にもどうしようもないねえ）と指摘するものもある。孔子は、学ぶ者が「問題意識を持って学ぶ」ことを尊重した。それと共に、学ぶ者に対して、この「学びの姿勢」

を第一に求めていたのである。「学び」は「教え」との相互の関わりから生れることを明らかにしている。

そうした孔子の見る若者とは、どういった存在であったのだろうか。彼は諸国放浪の末、自分の故郷に戻り、後進の指導に当たった。その際に、こう述べている。「帰らんか、帰らんか。吾《わが》党《とう》の少子《しょうし》、狂簡《きょうかん》、斐然《ひぜん》として章を成す。これを裁する所以《ゆえん》を知らざるなり」（帰ろうよ、帰ろうよ。私の村の若い者たちは、志が大きく、美しい模様を織りなしてはいるが、どのように裁断したらよいか分からないでいる）。孔子にとって教育すべき若者は、美しい生地（布）のようではあるものの、素晴らしい着物になる前の状態であった。つまり、裁断し素晴らしい着物となる仕方が分からない状態が若者だと、期待を込めて見ていたのである。また孔子は「苗にして秀《ひい》でざる者あり。秀でて実《みの》らざる者あり」（苗のまま穂を出さない人もいるねえ。穂を出したまま実らない人もいるねえ。）と稲穂に例えて表現している言葉も残している。彼は、ただ教えるのではなく、その人の持つ潜在的な力を信じた上で引き出す教育を行っていたのである。単に学ぶ者の意欲を求めているのではなく、その人の潜在性を認めた上で成り立つ教育の仕方であるといえよう。

孔子は、学ぶ者の可能性を信じると共に、主体的な学びの姿勢を認めていた。そしてそれを支える教育への姿勢は、今日の学校教育においても改めて肝に銘じる事柄であるといえる。

◆孔子（B.C.552-B.C.479）古代中国・春秋時代の思想家で儒家の祖。本名は、孔丘《こうきゅう》で字は仲尼《ちゅうじ》という。彼の考えは多くの弟子たちによって伝えられた。後に儒学が発展したことにより、近代までの中国社会や日本にも、特に道徳的な面での影響を与えた。なお『論語』の中の孔子は、非常に人間的であると共に教育熱心な姿が描かれている。「教育」のあり方を考える上では、今日でも通じるものが多々あると言える。（八木浩雄）

34 好きなことを極める重要性

人は自分の好きなだけいくらでも読んだり聞いたり見たりしても、他の人々が同じことをする自由を少しでも減少させることはない。

（スペンサー『社会静学』より）

ハーバート・スペンサーは哲学者、倫理学者として知られているが、最初からその道を歩んだ者ではない。幼少期には教師でもあった父の方針で学校教育も受けず、その後祖父の経営する寄宿学校で学んだ後、一七歳で鉄道技師として働き始めた。その後も二八歳で経済誌『エコノミスト』の編集者となり、のちには副編集長として活躍した。そのような側面から考えても、彼の言葉には大きな重みを持つのではないだろうか。スペンサーの思想では、人間の進化を生物や宇宙といった、いわゆる自然というもののみではなく、それ以外の人間の会社や文化、宗教といった様々な事象をも含むものとみなす。そのことはつまり進化がひとつの単純なものではなく、複雑で多様なものであるという意味をも持つのではないかと考えられる。

人は自らの興味・関心を持ったことを、読み、聞き、見て学んでも、他者の自由を侵害したり邪魔をすることはない。言うまでもなく、あまりにも自らの世界に没頭しすぎることで、迷惑をかけてしまう可能性もないではないが、それでも一般的に相手の生活や時間を侵食してしまう、ということはないはずだ。

幼少期においてはなおさら、自分の好きなことを読み、聞き、見ることを、自分の好きなだけ行ったとしても、他者の自由を阻むものにはなり得ないし、その時間の持つ意味は極めて重要である。だからこそ教育の場においては、子どもたちが好きなだけ見て、聞いて、読むことのできる時間を用意するべきである。また、それが他者に迷惑をかけないのであれば、その子どもが納得し、飽きるまで没頭させることが大切なのではないだろうか。

そんな子どもにとってかけがえのない時間の中から、その子どもが生来持つ才能や特技が見つかり、そのことを伸ばしていくことが初めて可能になるのだと思う。一人ひとりが与えられた才能や特技はそれぞれ異なるが、だからこそ大切にしなければならない。

もちろん、まっすぐに自分の好きなことを歩むことができたとしても、その道はまっすぐではなく、紆余曲折している場合も多い。本当に何も迷わず、困らず好きな道を歩むことのできる者はほんの一握りにすぎないかもしれない。だが子どもの可能性を信じ、スペンサーの言葉を思い出しながら支援していってみたらどうだろうか。様々な職業を経て、最終的に研究者となったスペンサーの言葉は、それ故に大きな意味を持つのではないだろうか。

（野末晃秀）

◆スペンサー（Herbert Spencer : 1820-1903）イギリスの哲学者・社会学者・倫理学者。16歳で鉄道技師となり、その後経済誌『エコノミスト』の副編集長を務めたのち、研究者として研究と著述に専念した。わが国においてはスペンサーの自由放任主義などの考え方が１８００年代後期に広まり、自由民権運動の思想的支柱として歓迎された。主な著書は『政府の適正領域』『総合哲学体系』『教育論』『人間対国家』、などがある。

35　行動で語る教え

成童《せいどう》の時よりのおしへは、師匠と友を選ぶをおしへの眼とす。

（中江藤樹『翁問答《おきなもんどう》』より）

この言葉は、「成童《せいどう》（一五歳の頃）になってからは、師匠と友人を選ぶことが教え（教育）の上で重要である」という意味である。中江藤樹は、門下生に対する書簡の中で、師と友は「志」のある者が望ましいと指摘している。

藤樹は教える段階をいくつかに分類している。胎教から始まる家庭教育、八歳から九歳の頃の子どもに対する児童の教育、そして冒頭文にある成童（一五歳の頃）の教育である。藤樹は幼少の家庭教育において父母や乳母といった養育者から見聞きすることが教え（教育）につながると述べている。また、八歳から九歳の頃になると、才能のある子どもには文書によって教育をはじめるが、才能の乏しい者であっても人間に必要な義理（物事の正しい筋道）の話を語り聞かせることが望ましいと述べている。このような接し方を通じて、子どもが自ずと変化することを促すのである。それを土台とした成童の時代は文書による教養をさらに積む時代であり、冒頭に掲げた言葉は師匠と友人が、言葉だけでなく行動によって与える影響を重要視していると言える。

藤樹は『翁問答《おきなもんどう》』において、教え（教育）の根本を「まず道を教えて本心の孝徳（孝という徳）を明らかにする」ことである、と論じている。「孝」とは父母を敬い、よく仕えるという儒教的な基本徳目である。藤樹の時代の学問は、古代中国の思想家である孔子の教えを基礎とした儒教に基づくものであった。そのため、ここに出てくる文書の引用元も『孝経《こうきょう》』という儒教の経典である。藤樹は『孝経』をふまえ、道を教えて人間の本心にある「孝」の徳を明らかにすることが、形式的に知識や技術だけを磨くよりも大切であるという信念を示しているのである。そのために必要なのは、教育者の人柄を選ぶことであり、教育者はその身を修めて心を正しくし、それを言葉や行動で示すことが必要なのである。藤樹によれば、教育の要と言えるものは口を用いて教えることに尽きるのではない。我が身を立て道を行って、人々が自然に変化していく「徳教」（道徳などによって人をよい方向へと導く教え）が真実の教え（教育）とされている。

さらに、藤樹にとって「孝」の精神は親子関係にとどまるものではなく、成童の時代を経て職業に就いた後も見通した見解を示している。もちろん身分制のあった時代ではあるが、それぞれの子どもが備え持った資質に従い、自らの運命を考えて、自らの本性に基づいて適切な職業に就くべきであると論じているのである。自らも仕える藩を捨てて老いた親への「孝」（孝行）に尽くした藤樹の行動には、学ぶべきものがあると言える。

◆中江藤樹（1608-1648）江戸時代の陽明学者。近江（現在の滋賀県）に生まれ、祖父の仕える米子藩（後に国替えで伊予大洲藩）に出仕する。老いた母親を故郷で養うため辞職を望むが叶えられず、脱藩して近江に帰国すると私塾「藤樹書院」を構えた。はじめ朱子学に傾倒したが、やがて陽明学を研究するようになる。熊沢蕃山らの門人を輩出し、近江聖人と称えられた。主著『翁問答』は死後に刊行された。

（廣嶋龍太郎）

36　叱るよりも褒めることを多く

可愛くば、五つ数えて　三つ褒め　二つ叱って　良き人となせ。
（二宮尊徳が言ったとされる言葉：出典不詳）

子どもが可愛い、良い人になってほしいと思うなら、五回働きかけるうち、三回は褒め、二回叱るぐらいがちょうどよい、という考えである。出典不祥ながら、尊徳の人柄、教育に対する考え方を良く言い表している。

普通、子どもが可愛いと思えば、褒めることばかりになりがちである。逆に、欠点が目につけば、子どもを叱ってばかりになってしまう。しかし、子どもの立場に立ってみれば、褒められるばかりであれば、驕りたかぶり、慢心するかもしれない。逆に叱られてばかりだと、誰しもがやる気をなくすし、自分には能力がないと感じ、自尊心も失い、自己肯定感も低くなりがちになるだろう。

つまりは子どもたちを教え諭す場合には、褒めることと叱ることのバランスが大事で、その割合は、褒めることを多くするのがよい、というのが尊徳の見解である。しかし三対二の比率は絶対的なもので変えられないと、尊徳は考えていたわけではない。

子どもが素晴らしいことをしたときに、叱るべきではないし、子どもが悪いことをした場合には、毅然とした態度をとることが必要である。状況に応じて、褒めることが多い場合もあるし、逆に、叱ることが多くなりがちになることもある。それはやむを得ないし、むしろ当然のことである。こうした比率に、あまりにもこだわると、褒めるべきときではないときに子どもを褒め、あるいは叱らなくてもよいときに叱るような、奇妙な、全く不適切な教育をすることになってしまう。私たちは、そうしたことをしてはいないだろうか。

子どもが受ける印象全体を考えた場合、褒められることの方が多くなければ、人間は前進する意欲を失ってしまう。トータルとして見た場合、褒めることを多く心がける形で教育を行えば、きっとその子ども、人間にも良心が芽生え、善人に育っていく、という期待を尊徳はもっていたのである。

彼は職業人である教師として子どもたちに関わるというよりは、農民たちと交わり、人間関係を構築していった。そうした人間との交わりを通じて、彼らを貧困から救済したのだった。褒めることと叱ることのバランスも、こうした人と人との関係、実践体験から生れた。そしてそれを表すのが、冒頭の言葉であった。

勤勉の象徴であり、自分に厳しいことで知られた尊徳であったが、こうした言葉をみると、必ずしも高慢な人柄ではないことがわかる。むしろにこやかに人と接する尊徳の、人柄、人間性が香るかのような言葉である。

◆二宮尊徳（1787-1856）通称、金次郎。江戸後期に報徳思想で農業政策を実践的に改革した。報徳思想は、自然の天道に対して、衣食住を営む人道のあり方をとき、綿密な調査に基づく計画的な農業、家政の営みを提唱した。薪を背負いながら本を読む像で知られ、勤勉にして節約家というイメージが定着している。尊徳の教育方法も、農民の人間関係から、実践的に編み出された。『二宮翁夜話《にのみやおうやわ》』が知られている。

（大沢　裕）

37 チャンスを逃してはならない

教師の仕事は、衝動や欲望が生じるや、それを好機に利用する点をみさだめることである。

（デューイ『経験と教育』より）

物事を行う時に大切なこととは多々あるが、その中でも重要な熱々《あつあつ》なポイントは「チャンスとタイミングを逃さないこと」なのではないか。言うまでもなく教育の場においてもそれは当てはまるし、その好機を的確に捉え、利用することができる教師こそ、優れた素質のある教師、といえるのではないだろうか。そのためにも平素から教師は、様々な方面にアンテナを伸ばし、子どもの様々なシグナルを受信できる体制にしておくことが必要とされる。子どもの発する信号を受信し、それを教師が増幅させて、子どもに伝わるように、キャッチボールをするかのように返してあげられてこそ、初めて成立するものが教育であり、保育である。教育者からの一方通行ではなく、子どもと共に進み行くことが重要ともいえるだろう。

デューイの教育論においてもっとも重要視されたものは、人間の自発性を重視した考え方である。彼は、子どもの自発的な成長を促進するためには、その教育環境を整えることが、教育の役割として必要なことである、と述べた。そして、教師の側から知識を授けるのではなく、子どもの側から知識を求めるような動機を持つことができるような学校こそ、真の学校である、とも語っている。そのためにも子どもとの日々の生活の中から、今こそが好機である、という瞬間を逃すことなく捉えることで、子どもの自発的な成長とモチベーションをより高めていくことが重要なのである。デューイの説いた経験論の特色を簡単に述べるのであれば、徹底した子ども自身の経験と行動重視であり、一般にデューイの教育論は、「為すことによって学ぶ（Learning by doing）」と表現されている。このことはつまり、教科書中心の教育から生活経験中心の教育への移行であり、記憶中心の教育から、それぞれが経験や行動を重視することによって問題解決能力を身につけ、教師が中心ではなく学習者が中心となった、主体的で学ぶことに意味を持つことのできる学習であるといえるだろう。

昨今、世の中には「やる気」という言葉が多くみられるが、子どもの「やる気」を高め、はぐくむためには、子どもたちの衝動や欲望が産まれた瞬間を見逃さず、受け止めながらそれをさらに大きく助長することが大切であろう。たとえそれが回り道であったとしても、若干の失敗を含んでいたとしても、恐れたり心配することなく、包み込みながら、それを逆に利点として利用していくことができる太さと大きさも、教師には望まれるのではないだろうか。そのためにも、大切であり逃してしまってはならないのが、タイミングでありチャンス、である。

◆デューイ（John Dewey：1859-1952）アメリカ合衆国の教育学者・哲学者。哲学者であるヘーゲルから影響を受けた、プラグマティズム（実用主義、道具主義、実際主義）の考え方を代表する思想家でもある。著書には『経験と教育』など。デューイの言葉には名言が多く、「教師の側から知識を授けるよりも、まず知識をもとめる動機を子どもたちがもつような学校が、真の学校である」「子供の教育は、過去の価値の伝達にはなく、未来の新しい価値の創造にある」（いずれも『経験と教育』）などもある。

（野末晃秀）

38 為《な》させる教育をもとめて

新教育ノ幕ヲ開《ひら》カン凡《すべ》テノ人ノ為メニ凡テノ子等ノ為メニ
私ノ凡テヲ捨テヨ

（神戸大学及川記念館　及川平治像に刻まれる言葉）

日本の教育制度は、明治五（一八七二）年、「学制」が施行されてから、明治期約四十年かけて整った。富国強兵等の国家政策のために、上からの学校制度により、日本国民を臣民（天皇への絶対服従の民）として育てる教育政策であった。この政策が根本的に改革されるのは、敗戦により天皇制国家が崩壊するときである。しかし、それ以前に、明治三十年以降、ヘルバルト派教育学の考えに基づく教師中心の学級一斉型の画一教育主義は、批判されることになる。その批判の要因は、教育と民衆生活の遊離、日本の資本主義化に伴う人間教育への欲求の高まり、明治期四十年の教育実践を基礎とした教育科学（教育を実証的、客観的に考えること）への関心、そして海外の児童中心主義思想の紹介を受けての児童観の転換などが挙げられる。そして、大正期に入りこのような改革の気運が高揚した運動が、（大正）新教育運動である。梅根悟（和光大学初代学長）によると、及川平治の出現は「日本の新教育運動史上画期的なもの」であり、「第一次新教育運動の、いわば決定的出発点となった」のである。

世界の教育改革運動に触れた及川平治は、「分団式動的教育法」を提唱した。分団式とは、「個別」

「分団」（子どもを枠組みで分けること）「全級」（学級全体で取り組むこと）を調和した方法である。及川はそれまでの一斉教授型に対し、個別教育の欠如の重要性を説く。そして、その頃アメリカで、進歩主義教育の思想家として代表的な人物であるジョン・デューイの影響のもとで、「為さしむる主義」を主張し、自己経験を主として、子どもたちが自らの経験に基づき考え、学習を進めることが重要であるとした。このような個別教育のためには、能力の個人差や個性の差異を考えずに一斉に教育する方法は適さない。個別教育と一斉教育を調和して教育を考える必要がある。つまりその教育は、教育の動的見地に立ち、児童の能力不同という現実の学校状況を把握し、学習法を訓練するという方法であった。また、そのように教育することによって自我を確立させることが、有能な人間の形成のために極めて重要であると考えたのである。

この言葉は、明石女子師範学校の跡地である神戸大学附属小学校内の神戸大学及川記念館に収蔵されている及川の像に現在も刻まれている。明治末から大正期にかけて、教育改造に沸いた教師たちの、希望に満ちた、高揚した気運をうかがわせる言葉である。教育に希望が持てなくなってきている現代にあって、新しい教育を追求しようとする及川のこの言葉は、私たちに教育の未来に希望を持つことを思い出させてくれるものであり、私たちを励ましてくれていると感じる言葉である。

◆及川平治（1875-1939）宮城県出身。宮城県尋常師範学校卒業。文部省師範学校中学校高等女学校教員検定試験合格を経て、１９０７（明治40）年兵庫県明石女子師範学校教師・附属小学校主事になり、「分団式動的教授法」を提唱。「八大教育主張講演会」（１９２１年）で「動的教育論」を論じた。「大正新教育」と呼ばれる教育運動を象徴する人物の一人であり、当時の教師や学校に多大な影響を与えた。

（冨澤美千子）

39　道徳を教える順序

道徳の基礎的陶冶《とうや》の範囲は三つの見地に立つ。道徳的情緒を喚起し道徳的訓練を行い、最後に子どもが生活と境遇とを通じて正義関係と道徳関係とを熟練・比較させることで道徳的見解を養うことである。

（ペスタロッチー『シュタンツ便り』より）

ペスタロッチーは、シュタンツの孤児院で多くの孤児たちと生活を共にして、自らの教育活動について記述した『シュタンツ便り』を著した。その中で、自己の実践経験を基にして、道徳教育（陶冶）の段階的な過程を述べている。ペスタロッチーの基本的な道徳教育論をよく理解すると、現代の学校における道徳教育のあり方へのアプローチ、または問い直しができるだろう。右に掲げた引用は、道徳教育の三つの段階を示している。

ペスタロッチーは、道徳教育の第一段階は、「純真な感情によって道徳的情緒を喚起すること」だとしている。これは、「子どもたちの日々の要求を満足させること」から始まる。しかも子どもに対するこうした全面的な世話は、まさに教師の愛から生まれる。それに呼応するからこそ、こうした世話は、子どもとの信頼関係を生み出すものであり、道徳教育へと直接つながっていく。子どもはこのような信頼関係の中でこそ、生きた道徳的経験をもつことができるのである。ペスタロッチーは、子どもの内なる自然（本性）に従い、それを外へ発現させ行為化するように導こうとする。

道徳教育の第二段階は、「正しくかつ善良なものの中で克己と奮励とをさせて道徳的訓練を行うこと」であるとされる。この段階を特色づけるものは、子どもに対して要請される活動である。これは実践的な場面での道徳的訓練であり、正しく善良なものの中で行われる奮励行動、自己訓練に伴う形式的な訓練（社会的スキル）、共同生活を行う能力訓練などである。

道徳教育の第三段階は、「すでに子どもが自分の生活と境遇とを通じて立つ正義関係と道徳関係とを熟練させ比較させることによって道徳的見解を養うこと」である。つまり「反省」の段階である。生活そのものの中で得られる生きた道徳的経験のあとに初めて意識的な省察が行われ、内的に体験されたものが体系的に考察されるのである。

このようにペスタロッチーは、道徳的であるように子どもを強制するのではなく、生活の中で獲得された生きた道徳的経験の反省ないし熟慮を最後に置く。また、家庭的な雰囲気が重視されるのは、子どもたちの生活の中で表れる自然で基本的な要求を満たすことが道徳性を発達させる第一歩であるからである。ペスタロッチーの道徳教育論は、子どもの具体的な生きた道徳的体験と結合して、子ども自身の考えを深めるよう指導すべきだとする、道徳性の調和的な育成にも重なる原則としても受けとめられると言えるだろう。

◆ペスタロッチー（J. H. Pestalozzi：1746-1827）フランス革命後、社会の混乱によって生じた貧民や孤児を救済するための教育に生涯を捧げた、スイスの教育実践家。「聖教」と呼ばれた。『隠者の夕暮』、『ゲルトルート児童教育法』など著書多数。ルソーの影響を受け、ペスタロッチーの教育実践と思想はフレーベルやヘルバルトなど、その後の教育思想や教育実践に多くの影響を及ぼした。

（中島朋紀）

40　幼児のうちからの教育

小児のおしえは早くすべし。（中略）おそくおしゆれば、あしき事を久しく見きて、先人の言、心の内にはやく主となりては、後によき事をしゆれどもうつらず。故にはやくをしゆれば入やすし。

（貝原益軒『和俗童子訓』より）

「三つ子の魂百まで」と言われるように、幼少期における体験や経験、また教育のもつ意義は極めて重要である。そこで問われるのが幼児教育のあり方である。現代では幼少期からどのような教育をすべきかというテーマで様々な方法が論じられている。こうした幼少期の教育について、明確な見解を示したのが江戸時代を代表する教育者、貝原益軒《えきけん》である。

江戸時代、子どもは身分や立場など関係なく、皆等しく「善」であり、また皆学ぶ力を有しているため教育が必要である、という考え方が書物などで広く示された。こうしたなかで益軒は、理想とする人間像として君子をあげ、仁（仁愛、人間愛、人を思いやる心）に基づき自他ともに有益となる人間像を追求した。そのため人間は早くから悪い習慣に慣れてしまうと、善になることがなくなると主張し、善を行う習慣を幼少期から身に付けさせることを重視した。

益軒は一七一〇年、『和俗童子訓《わぞくどうじくん》』を刊行した。本書は全五巻からなり、「総論」において幼少期から厳しく教えることの重要性を説いた。益軒の教育方法の特色として、「随年教法《ずいねんきょうほう》」という各年齢段階に即した教育課程がある。例えば、『論語』『孟子』といった学問を学ぼうとする者の必読書を一〇歳から読み始めさせるべきであるとし、何を何歳から学び始めさせるべきかを細かく示していた。また「教女子法《きょうじょしほう》」では、女子教育について論じ、男女ともに幼少期から分け隔てない教育を主張した。このように益軒の教育思想は、性別を越え、男女に共通する基礎的な教養の修得を主張したのである。

ところで、幼少期の教育のなかで、その妨げとなるものは何だろうか。益軒は「親の姑息《こそく》の愛」を幼児期の教育の害悪として指摘する。つまり、親が子を愛するがあまり、欲しがる物は何でも与え、甘やかしてばかりの育て方を厳しく批判したのであった。代わりに子育てに必要な要素として「厳しさ」、「苦労」を求めた。「鉄は熱いうちに打て」の如く、幼い時に苦労をさせれば、やがて苦労に耐えられるような人間になり、後年への「楽」につながると説いたのである。

益軒の教えを再考すると、「何歳で〇〇ができる」といった幼児教育論とは明らかな違いを読み取ることができる。益軒によれば、出来る・出来ないではなく、幼少期から困難に立ち向かう姿勢、我慢する心情を養うことこそ、幼児教育の最大の意義と位置付けたのである。知的早期教育に偏重しがちな昨今であるが、益軒の教えこそ現代に求められる幼児教育の姿ではないだろうか。

◆貝原益軒（1630-1714）江戸時代を代表する教育者・儒学者。黒田藩（福岡県）に生まれる。一九歳で藩に出仕し、後年に京都に遊学し多くの学者と交流し執筆活動に専念した。主な著作として『和俗童子訓《わぞくどうじくん》』『養生訓《ようじょうくん》』などが挙げられる。貝原の学問領域は多方面にわたっているが、特筆すべきは、いずれも初学者のための実用書・手引書としての性格を持っていることである。『和俗童子訓』では平仮名の教育のあり方、教育の目的、順序、範囲を示した。健康法を示した『養生訓』は今日も引き続き読まれている。

（今井康晴）

column

◆子どもが主体

教育がうまくいくためには、それなりの工夫が必要である。教えるべき内容がいかに素晴らしかったとしても、教え方が下手であると、教育の効果も半減する。それは私たちが日々実感することである。教育上重要なのは、いかに子どもを理解するか、ということだけでなく、いかに教育を効果的に行うことができるか、その工夫である。

多くの先達者が教育の中心には子どもがあるべきだと主張している。それはいわば、常識化しつつある。しかし子どもが中心だと考えれば教え方の工夫、その努力をしなくてもよいわけではない。子どもが中心の教育を行うためには、自身の行っている教育が、個々の子どもの育ちにどう影響するか、という反省・工夫・改善がどうしても必要である。

私たちは、子ども主体の教育といって、子どもにグループ学習をさせ、そこで発表させることで、自主性を育てたと満足してはいないだろうか。子ども主体の教育は、教師の責務を軽減するものではない。むしろ逆に、教師の努力を一層必要とする。

教える際の工夫、それを行うのは明らかに教師自身である。したがって、私たちは教育の主体が子どもであると言ってもよいが、教育の主たる責任者は教師である、という自覚にたたねばならないだろう。

昨今の世の中では、他人に自身の仕事を任せ、責任まで押しつけ、自身の責務を逃れようとする人々がなんと多いことだろうか。教育の世界、教師の世界には、そうした人がいてほしくはない。なぜなら、責任逃れの風潮を子ども自身が体験すれば、それが当り前だと感化されてしまうからである。こう言い換える方が適切だろうか。「教育の主体は子どもであるが、教育する責任は教師にある」、と。

Ⅵ　行き詰まり

41 教育の仕事—日常に追われずに

ここに一人の子どもがいる。この子どもも全宇宙と結びついている。教育する私は一人ひとりの成長しつつある子どもの中で、全宇宙にとっても意味のある事柄と関わっている。

（シュタイナー『教育の基礎としての一般人間学』より）

シュタイナーの教育は、私たちがスタンダードと捉えながらも、いくつかの問題を感じていること、「普通の教育」にはないユニークさ、魅力をもっている。

シュタイナーは、独特の世界観に基づき、様々な表現芸術の手法をとりいれた教育を生み出した神秘思想家、と考えられがちである。シュタイナー教育への熱心な賛同者がいると同時に、オカルト的とも言える思想には容易に踏み込みがたい難解さがあり、「理解する」というよりも「信じるか信じないか」という次元で、学ぶ人を選ぶ一面がある。しかしシュタイナー自身の言葉に触れてみると、そこには宗教的熱狂ではなく、ある種の冷静さが見られる。

シュタイナーは、教育において最も注意すべきは「教師が杓子定規に陥らないこと、常に想像を保つことである」と説いている。

またシュタイナーは、自分が提唱する「人智学」は教育内容にならないと明言し、「人間精神と身体の調和をはかるために、人智哲学は教育の実際に役立て得る」と考えていた。

人間が、より人間らしく創造的であること、特に教育に関わる人間自身が創造的な人間を目指しながら、子どもたちの人間らしい成長に関わっていく姿勢を貫くことが、シュタイナーの伝えようとした教師像ではないだろうか。

シュタイナー教育を詳しく日本に紹介した子安美知子によれば、シュタイナー教育を受けた子どもは、さまざまな状況の中でも柔軟に人間らしく生きる力のある大人に成長していることが多いという。教育の実践は、遠大な目的と直近の目的が様々な形で、取り組むべき課題を私たちに投げかけてくる。

さまざまな課題を前に道に迷いそうな場面では、シュタイナーが考えた命題「人間らしく生きること」について自分自身の問題として問い直してみることから、見えてくる自分なりの道標があるのではないか。

先人の知恵から学ぶことと、先人の言葉を吟味せず盲目的に指標にしてしまうことの間には大きな違いがある。学んだことを自分のおかれた立場の中で確かめ考えながら、手応えのあるリアルな教育観として自分の血肉にすることができるか、主体性のある学びの気持ちで向き合うことから、私たちはシュタイナーの教育思想を読み解くことができるだろう。

◆ルドルフ・シュタイナー（Rudolf Steiner : 1861-1925）神秘学者・教育者。現在のクロアチア地方に生まれ、独学でウィーン工科大学へ進学し、哲学を学ぶ。主著『自由の哲学』『神智学』など。独特な哲学と方法論に基づいたシュタイナーの教育は、現在まで世界各地で評価され実践されている。しかし背景となる霊学思想の評価については意見が分かれている。

（藤田寿伸）

42 「できる子」に合わせた授業

若《も》し秀才を好《こう》して、しゅうとうのあたはざることをしゐば、秀才は己が人に優れたるにほこり、才にはせ知識にひかれて、つゐに不祥人《ふしょうひん》とならむ。衆童は學に倦《う》み道を厭《いと》うて、學校の政のやみなむことをねがふべし。

（熊沢蕃山『集義和書《しゅうぎわしょ》第五』より）

授業を行う場合、もし優れた子どもを教師が好んで、彼らのレベルに合わせた授業をすると、どうなるだろうか。勉強のできる子どもは、やすやすとついていけるから、問題なさそうである。しかしその子は教師の期待を感じ、慢心し、驕りたかぶるかもしれない。逆に、勉強についていけない子どもは学ぶことがいやになり、学校に行きたくなくなる。結果として、その授業は、どちらのタイプの子どものためにもならないものになってしまう。そもそもそんな授業はないほうがよい。右の蕃山の言葉は、そのような意味である。

私たちは、往々にして授業の中で優秀な子どもたちを褒め、称賛しがちである。それ自体はもちろん悪いことではない。しかし、その一方で、褒められることの少ない、普通の子どもたちもたくさんいる、ということに私たちは十分に配慮すべきである。これは、何も褒めたり叱ったりする場面だけではなく、学校の中で子どもたちに順番をつけ、序列化するときに、往々にして生ずる問題である。

成績順に席順を決める学校も中にはある。しかし本当にそれは、うまくいくだろうか。あまりにも優劣が目につくようになると、多くの子どもの自尊心の感情が傷つけられる。同じ教室の中で子どもたち同士の優劣をあからさまにすると、教育はうまくいかない場合も多々ある。教育者は子どもたちの順位づけには、慎重であるべきである。

現代人は、競争化社会の中で生きている。競争を世の中からなくすことなどできない。しかし学校の中、教育においての競争が、すべての子どもたちにとって、プラスになるような配慮を考えていく必要がある。

蕃山からヒントを得るとすれば、比較する対象を、他の子どもではなく、自分自身とする、ということにすればどうであろうか。つまり自分の過去よりも、自分がもっと前進していれば、プラスの感情をもつことができる。それは勉強ができる子どもでも、そうではない子どもでも全く同じなのである。そうした意味を含んで、蕃山は、教師の授業の運営について述べているのである。蕃山は政治家に対しては、仁政、つまり道徳的態度をもって政治を行う為政者を待望していた。そうした為政者は、節度なく人間に対して優劣をつける者ではなかった。それと全く同じように蕃山は、教師にも、子どもたちの才能の有り無しにかかわらず、個々の子どもにより沿い、思いやる態度、接し方を求めたのである。

◆熊沢蕃山（1619-1691）江戸前期の儒学者。陽明学を学んだ。治水、治山、民衆救済で功績をあげ、文教政策論も展開した。為政者に対しては、自らの道徳を優先する政治、「仁政」を期待した。また蕃山は「天人合一」の考えから、自然破壊にも警鐘を鳴らした。学問的には、実践的な提案が盛り込まれていた。政治への意見書『大学《だいがく》或問《わくもん》』で政治批判をした罪で幽閉され、城内で病死した。

（大沢　裕）

43 教師の言葉が生徒に届かないとき

教師はまず第一に生徒の中の注意力をかき立ててやらなければなりますまい。こうすれば、生徒の精神は、事物の手で切り開かれ事物にこがれて学識を求めて行くのであります。

（コメニウス『大教授学』より）

コメニウスは学校、学齢、学級、授業の進め方など、私たちが現在あたりまえに考えている近代教育の仕組みをはじめて提唱実践した人物といわれる。

コメニウスが説いた教授法は、教師にとっての「教えやすい方法」ではなく、生徒にとって「学びやすい方法」の深い考察であった。「教える側が教えたいことを教えたいように教える」のではなく、「学ぶ者にとって学びやすい方法で、学ぶべきすべてのことを、正しいタイミングで学ぶ」ことの重要性を説いたのである。

「なぜこんなこともわからないのか」教える立場にたつ人は、しばしば相手の理解が、望む結果にたどり着かないとその理由を相手に求めてしまいやすい。しかし、教わる相手にとって未知の事物を理解するには、しかるべき道筋がある。

なによりも、教えられる事柄に対して注意や興味が向いていると、教師は「当然の前提」と思いやすいが、そこに「伝わらない」理由が隠れていることを忘れてはならない。

東洋の哲学である禅の中にも「啐啄同期《そったくどうき》」という言葉がある。卵の中の雛が孵化《ふか》しようとするまさにそのとき、親鳥が卵の外から殻をつついて雛の誕生を助けるという意味である。それは、学ぶものと教えるものの関係を示す言葉である。

教師の声が届いていない、と感じたとき、教えるべきことが正しく生徒に届く環境が準備されているか、何よりも生徒の注意が教師の方に向いているか、省みることも必要だろう。

コメニウスは、自分や同胞が戦争によって生涯を翻弄されたことから「社会の問題は、教育によってきっと解決できる」という願いをこめて理想の教育を考え、実践した。そしてコメニウスが「すべてのことを、すべての人に教える」教授法を研究した背景には、コメニウスの時代の教育が、限られた人に、限られた内容で、一貫性の乏しい教え方でしか学べなかった事情があった。

どれほど意味のある教えでも、相手に伝わらなければ役に立たないということが、教育者にとって大きな意味をもつこと、人を育て導く知識にもまして忘れてはいけないということを、コメニウスは人生をかけて後世に教え伝えつづけた。

世界初の絵入り教科書『世界図絵』を出版したコメニウスの思いは、相手にしっかりと伝わる教育でなければ意味がない、というところにあるのではないだろうか。

◆ヨハネス・コメニウス（Johannes Amos Comenius：1592-1670）教育学者。モラヴィア（チェコ）に生まれる。ドイツの大学に学んだ後「兄弟教団」の教師となるも、戦争によりヨーロッパ各地で生涯、亡命生活を送った。古典から当時の哲学まで広く研究し、世界最初の絵入り教科書（『世界図絵』）の出版や、「すべての人にすべての事柄を教授する」パンソフィアの理念実現に努力し、近代教育の祖となった。

（藤田寿伸）

44 自分勝手な子どもに向き合って

ものごとの法則に従って純粋にふるまうすべての労作には、教育的な価値がある。

（ケルシェンシュタイナー『労作学校の概念』より）

私たちは、自分勝手な「ふるまい」をする子どもを目の前にし、途方にくれることがある。ケルシェンシュタイナーは、子どもの自分勝手なふるまいを変えていくのに有効な教育手段として、「労作教育」を提唱している。「労作」とは、文字通り、子どもたちが苦心と苦労を重ねて、自分の立てた目標を達成していく活動のことである。

しかし苦労を伴う活動が、かならずしもすべて教育的に有意義だとは限らない。例えば、ボランティア活動を子どもたちに強制した場合には、奉仕活動など「こりごり」といった気持ちが芽生えることもあるだろう。一見、他の人たちに奉仕・貢献しているように見える活動でも、それを行っている人間の心に、奉仕や貢献の気持ちが本音で培われているかどうかは、簡単には見抜けない。

苦労を重ねる活動が教育的な意味を持つのは、子どもの心の中に本当に奉仕や感謝の気持ちが生ずるときだと言ってよいだろう。通常、興味の赴くままに読書を行うだけでは、子どもたちの心に他人を思いやる心が育つとは限らない。

他人を思いやるためには、その人の気持ちに共感しなければならない。それは、自分中心ではなく、敢えて他人の立っている位置に自分を置いてみる、という行いである。このように、自分の外側に立ったものの見方・考え方を、彼は「ものごとの法則に従う」と表現している。

もちろん、「法則に従う」といっても、何も他人への思いやりの行動に限ったものではない。芸術作品を作ろうとするとき、まさに「美しさ」という法則に従わなければ、美しい作品を完成することはできない。同様に、自分の外にある「真実」という基準に従わなければ、学問を学ぶこともできない。つまり、「法則に従ってふるまう」とは、自分本位の考え方を捨て、美しさを追求したり、真実とは何か、という基準に沿ってものごとを追求したりする立場のことである。

このように、自分より外にある基準に合わせ、目的を追求することを日々重ねていくうちに、自分本位の気持ちは次第に影が薄くなっていく。そして、子ども自身が、悪戦苦闘しながら、自分よりも外にある基準から、純粋で澄んだ眼差しで、ものを見たり考えたりしてみるとき、その活動は、もはや自分勝手の立場ではなくなってくる。実はこうした活動を重ねていくことが、自分勝手にふるまう子どもを変えていくために、有効な意味を持つものだと、彼は主張している。

ケルシェンシュタイナーは、公民の教育の重要性をとなえている。公民とは、自分勝手にふるまうのではなく、社会に貢献できる人間のことである。彼はそうした人間の教育を理想としたのである。

◆ケルシェンシュタイナー（G.Kerschensteier:1854-1932）労作学校の提唱者。彼は、生活からかけ離れ、職業生活を省みず書物中心主義に陥っていた当時の学校制度を痛烈に批判した。しかし、自発性を尊重するのみでは、子どもたちの自己中心性を助長する恐れがあるとも警告した。貧しい家庭で育った。ミュンヘン視学官の経歴もあり、ミュンヘン大学でも教鞭をとっていた。ペスタロッチーを敬愛していた。

（大沢　裕）

45 成果はすぐにあらわれない

教育は、たとえそれがずっと先の未来であっても、未来において実現すべき目標を目指して積み上げていく仕事である。

（ボルノウ『教育を支えるもの』より）

現代社会では、目に見える成果を、早急に求める傾向がますます加速している。文字の習得、数字の認識、外国語の学習……それだけではなく、それをさらにわかりやすい形で効果があったかどうかを要求されることが一般的である。

だが本来の教育では、目に見える成果よりも、目に見えない学びや、数字では評価することのできない基本的な生活習慣の育成のようなものが大切なことが多い。それらは植物で言えば「根」の部分であり、決して華々しい存在ではない。だが土の中でひっそりと、だが健康に育まれた根があってこそ葉は青く茂り、美しい花が咲く。

花が咲く時期はずっと先のことかもしれない。例えば幼稚園で学んだ見えない、だがもっとも人間に大切であり望まれる事柄が、人生において必要とされるのは、小学生の時期かもしれないし、あるいは成人し社会に出た時かもしれない。ボルノウの言うように「ずっと先の未来」に実現するべきことを「積み上げる」地道な活動こそが教育であり、それは決してスポットライトの当たった部分だけではない。一歩一歩、見えない活動を繰り返したその先には、必ず輝かしい成果未来が存在しているはずであると信じるからこそ、今日の生活がある。そしてそれこそが、教師を支えるエネルギーの源流なのではないだろうか。

冒頭の文章に加えてボルノウは「教育者には、先き走ってゆく期待の性急さとは反対に、発達の終点をじっくりと待つことのできる忍耐、予期しなかった新たなるものをも、発達をより豊かにするものとして積極的に受け容れる構えをもった、気長な忍耐が、必要なのである」とも記している。「すぐに」「早く」「急いで」そんな言葉が蔓延する現代だからこそ、今一歩歩調をゆっくりにして歩みながら、「待つ」ことの重要性を考えてみてはどうだろう。

そのためにも、教育の場において教師が常に持ち続けなくてはいけないこと、それはボルノウの言うように「気長な忍耐」なのである。ボルノウはまた、教育や指導は予測や予見することの困難な営みである、ということを述べている。計画通りに行かないことが当たり前の活動だからこそ、忍耐も不可欠であろう。

気長に、時にはのんびりと、まだ予想もつかない未来に向かって、子どもとの生活をもっとゆっくり楽しんでいくことこそ、今望まれる時間なのである。

◆ボルノウ（Otto Friedrich Bollnow : 1903-1991）ドイツの教育哲学者。リーツの「田園教育舎」において手伝いの仕事に従事。その後、ハイデッガーの『存在と時間』に影響を受け教育哲学を学ぶ。理性とロマン主義、生の哲学と実存主義、といった対立する考え方の一方を否定・排除するのではなく、その両者の関係を維持しながら自らの思想を展開した。主な著書に『人間と空間』『気分の本質』『人間学的に見た教育学』などがある。

（野末晃秀）

46 なにげない大人の言動

慎重であってください。子どもの心はピカピカ輝いている鏡のようなもので、たった一息でも鏡をくもらせることができますから、大人は十分に賢く、注意深くなければなりません。

（モンテッソーリ『子ども - 社会 - 世界』より）

教師は教育に対して主体的に取り組まなければならない。が、それは教師が教育の主人公ということではない。教師の主体性は、目の前の子どもたちを尊重するために発揮されなければならない。

子どものために良かれと思いながら、あるいは不用意な気まぐれから、大人が投げかける言動が子どもにどのような影響を与えてしまうかについて、私たちは自分に対して注意深くなければならないことをモンテッソーリは指摘している。

モンテッソーリが投げかける課題は、教育の抱える根本的な難しさにも関わっている。

私たちは、子どもたちが成長するために積極的に働きかけなければならないが、一人ひとりの子どもにとって、よりよく成長することが具体的にどのようなものか簡単に定義できない。

教育の意図が善意であっても、その方法が子どもにとってふさわしくない場合に、その教育は正されなければならない。が、「結果においてふさわしくなかった」と気づいても手遅れではないか、というジレンマが生じる。

モンテッソーリがくりかえし強調している教育の考え方に、「教師は子どもが自ら成長する機会や環境を整え、召使のように控えめな姿勢であるべき」ということがある。この言葉を裏返せば、「不適切な関わり方が子どもの成長を妨げてしまう」ことへの戒めがこめられている。

モンテッソーリは女性医師がほとんど存在しない時代に、様々な障害を乗り越えて医師となった。そして当時は治療の方法がないと考えられていた、精神に障害のある子どもたちに関わる中から、働きかけによって彼らの知能向上が可能であることを証明した。

モンテッソーリの生涯は、不可能と思われたことへの積極的な挑戦と克服のエピソードに満ちている。モンテッソーリの成し遂げた教育の成果は、観察と考察に基づく実践から生み出され、モンテッソーリ教育の名で世界各地に広がっている。一方その思想と方法論がばらばらになって、しばしば「モンテッソーリ教育を用いれば賢い子どもが育つ」といった安易なハウツー的理解に基づく教育に変質している、という批判もある。

先人による教育の方法論は、実践の場で私たちを導く大切な道標になるが、そこにこめられた考察と思想を忘れてはならない。

「慎重であれ」というモンテッソーリの言葉が常に私たちの上にあり続けることを覚えておきたい。

◆マリア・モンテッソーリ（Maria Montessori : 1870-1952）教育者、イタリアの女性医師の草分け。医師として病院の神薄弱児教育に関わり、子どもの発達に当時の常識を覆す成果をあげる。その後ローマ大学に再入学し心理学・教育学を学び、「子どもの家」を設立。子どもの観察から導き出された独自の理論によるモンテッソーリ教育を実践した。主著に『子どもの発見』などがある。

（藤田寿伸）

column

◆壁の前で

私たちは、なすことの前に壁が立ちはだかったとき、どう解決するだろうか。良く知られているように、織田信長、豊臣秀吉、徳川家康ならどうホトトギスを扱うか、といった言葉が伝えられている。一般論で言えば、個々人の性格が違うのだから、解決法も異なっている、だからどれが正解かはない、ということなのだろうか。もしこの戦国武将の三人のやり方を教育に例えると、それぞれ、体罰などの権力行使の教育、個に合わせて工夫する教育、待つ教育、ということになるだろう。体罰・権力行使の教育は論外として、個性に合わせた工夫の教育、待つ教育というのは、今の時代にもあてはまりそうである。

しかし実はこの後者の二つの教育にも注意すべき点がある。もし個性に徹底的に合わせるとして、いったい一斉授業は可能なのだろうか。あるいは、制度として教育を考えたとき、子どもたちに同じものを教えないで不平等が生じないか、といった懸念も出てくる。

同様に待つ教育の場合に、時間の制約を視野に入れる必要がある。限られた時間の中で、教育の効果をえようとすると、考えられうる多くの方策の中からどれかを、選択せざるをえなくなる。数ある方策の中から現時点で最善のものを選び出し、なすことこそ、教育者の判断・行為であると言えるだろう。教師の一言で子どもの人生が台無しにされたり、逆に気持ちが鼓舞されることもありうるとすれば、これは、重大な選択・判断である。

簡単なマニュアルどおりの解答・解決があれば、これほど楽なことはない。教育者には、いわばマニュアルがない。もしあるとしたら、それはまゆつばものである。だからこそ、教師は、常に行うことに行き詰まりを感ずるのである。何の支障もなく教育がスラスラと進んでいるかのように感じることは、実は教育者の大いなる幻想なのかもしれない。

Ⅶ　己を磨く

47 己を知るために学ぶ

心を得るを学問の始とし終とす。呼吸存する間は、心を以て性を養ふを我が任とするところなり。

（石田梅岩『都鄙問答《とひもんどう》』巻之二より）

右の言葉は、「人間の心を理解することが、学ぶことの始まりであり最終目的でもある。人が呼吸をしている限り、心を尽くして性（人間としての本性）を養うことを自分の責務としなければならない」という意味である。

「学ぶ」という行為は学習者によって幅広い意味を持つ。例えば、教師の指導する目標に沿って知識・技能を習得したり、それに基づく思考力・判断力・表現力を養ったりすることなどは確かに学校教育において重要な学びの意味である。しかしながら、時には教師や教材の意図と全く異なった知識や技能を無意識に学んでしまうこともあれば、教室で行われる授業の枠を大きく超えた人間としての学びを無意図的に獲得することもあるだろう。石田梅岩は学びの本質を人間の心に置き、心を理解して人間性を磨き続ける学びこそ重要であると捉えたのである。

冒頭文にあるように、梅岩は「心」を重視した学問をさらに深め、自分の本心を見つめて人間性を磨く修養の学問へと発展させた。そのため、彼とその弟子による学問は、心学もしくは石門心学と呼ばれている。石門心学は当時主流だった儒学、仏教、神道などの特定の知識に傾倒するのではなく、それらをひとつの教材として、心の理解に迫ったところに大きな特徴があると言える。さらに梅岩は、心と対応する「性」（人間としての本性）を重視する。「性を養う」とは、自分自身が何者であるのかを自覚することにつながるが、それは容易なことではないので、真の人間となるために学び続ける必要があると言う。

梅岩の同時代には、様々な学派が存在した。例えば儒学においては孔子の教えを教材として、その解釈の正確さを競《きそ》うような学派もあった。このような専門家による学問と、梅岩の考えは一線を画すのである。梅岩自身は農民の子として生まれ、商家に丁稚奉公《でっちぼうこう》に出た後に、仕事の合間を縫って学問に励んだ経験を持つ。そのために、特定の学問にとらわれることなく、儒教・仏教・神道といった幅広い対象を教材とすることができた。興味深いことに、梅岩はそれらの教材を学者以外にも理解できる身近なたとえ話で分かりやすく説明したのである。このため、梅岩の下には様々な身分の門人が集って学んだ。

いかに高尚な知識や有益な技能を身に付けたとしても、最終的に人間としての学びにどう生かすかは己の心次第である。梅岩の示した「心」と「性」という人間の本質に結びつく学びは、今日の教育にも多くの示唆を与えるものであるように感じられる。

◆石田梅岩（1685-1744）石門心学の開祖。丹波国（現在の京都府）の農民の子として生まれ、商家に丁稚奉公に出るが、その後故郷に呼び戻されて農村生活を送る。再び故郷を出て商家に奉公すると、仕事をよく勤めながら読書や学問に励むようになる。四十代で奉公から身を引くと仏教者小栗了雲の下で修行に励む。後に自宅で無料の公開講釈をはじめ、石門心学と呼ばれる学問を説いた。主著に『都鄙問答』などがある。

（廣嶋龍太郎）

48 自分を信じるという生き方

幸福の要は、ありのままの自分でいることを厭《いと》わぬこと。

（エラスムス『平和の訴え』より）

最近、様々なメディアなどで「ありのままの自分」でいる重要さが強調されている。そもそも「幸福になる方法」は時代を通して、人々の変わらないテーマであり続けたのかもしれない。「ありのままの自分」には様々な意味が含まれ得る。エラスムスの価値観やキャリアから、彼の考える「ありのままの自分」が浮き彫りになってくる。彼は、青年のころから周囲のルールや他人の期待に惑わされず、自分らしい生き方を模索していた。エラスムスは、修道士の教育を受けながら、神学者としての道を突き進み、宗教（信仰）の新しい解釈を広げる活動を展開している。特に、宗教（信仰）のあり方として、周囲のルールに惑わされない立場をとっていた。もしも宗教上のルールであるから、自分の本心や善意に沿わないことでもするのであれば、それはただの思い込みである。またそのルールは、よりよく生きるための方法でもなくなってしまう。もちろん、ルールは私たちが生きていく上で欠かせない。信号を守らなければ交通事故が多発する。一方、信号が青であれば車は走るし、赤であれば停車する。しかし、高齢者がゆっくり横断歩道を渡っていれば、車はたとえ青信号であっても発車することはない。確かに、ルールは私たちの日常を円滑にするために存在する。だが、今の例のように、私たちは場合によっては、ルールの枠組みを超えて自分の意思を決定することがある。

それは、エラスムスが従来の教会（社会のあり方）を批判したように、物事の大切な判断には今あるルール自体を超えた解釈が必要な場合もある。大切なのは、外側から何を言われても自分自身の考えに従って、何が自分にとってよりよい状態なのか、何が自分にとって幸せな状態なのか、に常に耳を澄ませることなのかもしれない。

教育者は学び手を導く存在である。同時に、教育を受ける側（子ども）の「ありのまま」を尊重する存在でもなければならない。ただ子どもが自分の欲求のままにルールに背《そむ》いているのか、遊んだり学んだりするためにルールが邪魔になってしまうのか、を見分けるのは難しい。私たちは自分自身にルールという足かせを作り、それに慣れてしまうとルールを作った目的自体を忘れることがある。これは、多くの教育者にも当てはまる。子どもを導くこと、子どもの「ありのまま」を尊重すること、という二つが矛盾しないような教育をするためには、子どもたちを深く理解することが必要である。

しかし、子ども理解をする以前に、私たち（教育者）が自分自身を深く理解することが必要なのだろう。今のあなたは周囲の視線やルールに縛られすぎていないだろうか。それとも、それがあるから日々の生活が送れているのだろうか。考えてみてほしい。

◆デジデリウス・エラスムス（Desiderius Erasmus Roterodamus : 1466-1536）ルネサンス期に活躍した神学者・哲学者。幼いころから修道院教育を受けていたが、修道士にならずに神学や哲学の道を歩んだ。彼は宗教的信仰の本質は、個人と神との関係だと考えた。このような精神性を広げるために『新約聖書』と『旧約聖書』のギリシャ語とラテン語版を執筆するなどの著作活動を進めた。「自由意志」に関してルターと論争したことでも有名である。

（山田徹志）

49　教育者になるために

自分自身を教育し、純化の意味、全き人間の意味を自分自身について経験することによって、人は教育者になる。

（シュプランガー『文化と教育』より）

この言葉は、「自分自身を教育することは、自分を高め続けること（純化）に繋《つな》がる。そして、自ら人間性の意味を見出す経験をすることが、教員を教育者へと高めていく」という意味である。

シュプランガーは、どんな立派な書物で教育学を勉強しようと、それだけでは教育者にはなれないと考える。教育学や心理学といった学問を学ぶだけでは十分ではないのである。しかし、教育実践の中に身を置くだけでも教育者になれるわけではなく、「長年教育に携わりながらも教育者になっていない人物を多く見かける」という厳しい指摘を加えている。冒頭の言葉は、真の教育者になるために、シュプランガーが私たちに呼びかける内容なのである。

私たちは、教育実践を積めば積むほど、どこかで子どもに対する慣れや、教える感覚の麻痺を起こしてはいないだろうか。教育は、人間を育てるという意義深い仕事であるが、人間に働きかける行為に習熟していくうちに、かえって人間そのものに対する感覚を鈍くしてしまうこともあるだろう。大切なのは教育実践だけに頼ることではない。理論を追究し、実践を深めつつ、自らを意識的に高めることこそが重要であると言えるだろう。教員は教育の専門家であるが、自分自身を教育することについても追究しなければ教育者にはなれないのである。

さらに、シュプランガーは、「教育者になる」ために必要な資質について説明を加えている。例えば、人間本来のやさしさや温かさなどは、人を素晴らしい教育者に高めるものである。自らを教育して得た様々な内容を、周囲の人間と分かち合い、与え合うような人間性にこそ、教育者の資格があると言える。これらが、冒頭の「純化の意味、全き人間の意味を自分自身について経験すること」の答えであるだろう。

冒頭のシュプランガーの言葉は、教育者を目指す若い女性を対象としたものであった。しかし、教育の本質に関する主張そのものは、女性だけでなくすべての教育者を目指す人間にとって有益であると言えるだろう。教育の仕事は、単に教科書の内容を文字通り教える行為だけに終始するわけではない。教員一人ひとりが、様々な教育内容の意味を解釈する言葉を持つことで、その仕事は飛躍的に深みを増すだろう。この言葉を見つけるためにこそ、日々の多忙な仕事の中にあっても、自分自身を教育するための豊かな経験を積むことが必要なのである。教員には、常に自分自身の内面を豊かにして子どもたちと分かち合うような、真の教育者を目指して成熟していく姿勢が求められていると言えるだろう。

◆シュプランガー（E.Spranger: 1882-1963）ドイツの哲学者。ベルリン大学でディルタイ、パウルゼンの指導を受け、ライプチヒ大学、ベルリン大学、チュービンゲン大学の教授となった。「精神科学的教育学」を提唱したほか、主著『生の諸形式』では文化に対する人間のかかわり方を考察し、理論的人間、経済的人間、美的人間、社会的人間、権力的人間、宗教的人間の6つの区分を示した。

（廣嶋龍太郎）

50　探求者として自身を見つめる

人は誰しもいったん安定した世界に身を置くと、精神もそれにならって俗化し、理想を忘れてだんだん怠惰になっていくようだ。

（新渡戸稲造『武士道』より）

新渡戸稲造は生涯を通じて日本を発信し続けた。それを代表するのが名著『武士道』である。原著は、日本の道徳観について流麗な英語で記されている。この本で彼は、武士道とは「武士の掟」であり、「武人階級の身分に伴う義務」であるとした。そして、「武士の掟」を「義・勇・仁・礼・誠・名誉・忠義」の徳目を中心に説明している。武士道を体系的に説明したものは他にはなく、現在でも名著として読まれている。

右の文章は、その『武士道』の中の一説である。新渡戸は、教育者としては、民主主義思想教育の先駆者だった。特に、人格や個性の尊重、社交性、幅広い教養、平和国家の信念などを説いている。また、教育以外にも多くの分野で活躍しており、それらすべての分野において国際的な、広い視野と深い理解に基づく業績をのこしている。特に、外国文化を受信するだけでなく、それ以上に日本の思想・文化を世界に発信し続けていた。それは、今日、グローバル化、ダイバーシティ（多様な人々の社会参与）という言葉があるような、国際社会が進展するはるか以前の、新渡戸の国際理解への姿勢である。それは、教育を志す者として学ぶべき点であろう。新渡戸が、日本の道徳観の根底にある個人尊重や社会性の信念を、世界へ積極的に発信したことには明確な理由がある。それは、国民の一人ひとりが自分自身のあり方を反省し律していく姿勢そのものが、国家間の文化の相互理解を深めることであり、それが世界の平和への重要な要素であると考えていたことにある。新渡戸は、何よりも日本人であることを誇りにしていた。このことから「背広を着たサムライ」という言葉も残されている。しかし、武士でいることを強要しているわけではない。あくまで、その身を正し、善き人間でいる道徳的な姿勢の重要性を説いているのである。したがって、この言葉は、まさに現代の高度情報化社会を生きる私たちへの警鐘とも捉えられる。

現在は、本を一冊読まなくても、ネット上で概要くらいはすぐに知ることができる。辞書を引かなくとも、音声入力で単語の意味や書き方が分かる。地図を見なくとも、運転する車は目的地に案内される。私たちの生活は、現在も科学技術の進歩により便利なものが次々と開発されている。しかし、これらの技術は健全な人間性がなければ扱うことは難しい。面倒なことを避け、努力せず楽をするためだけの技術になっていないだろうか。教育を志す以前に、あなたは、初心を忘れず、自分を磨き、見つめ直し続けているだろうか。彼は、今を生きる私たちが忘れかけている人としての「心のありかた」の重要性を問いかけているのだ。

◆新渡戸稲造（1862-1933）日本の教育者・思想家。経済学、農学研究・ジャーナリストと多岐にわたり国際的に活躍をした。国際連盟事務局次長、貴族院議員、太平洋問題調査会理事長を歴任。国際人として「太平洋（日本と世界）の架け橋」となることに生涯を捧げた。主著『武士道』“Bushido”を執筆し、その名を世界に馳《は》せたことは有名である。五千円紙幣の肖像としても描かれている。

（山田徹志）

51　教え、学び続ける教師

教師は、自分自身を本当に教育し、陶冶《とうや》すべく自ら努力している間だけ、他人を本当に教育したり陶冶したりすることができる。

（ディースターヴェーク『ドイツの教師に寄せる教授指針』より）

教職の使命とともに、教師にとって自己教育、陶冶（自己形成）の課題こそ、生涯にわたる重要な課題である。教師は、子どもたちや他者の教育という仕事を自分の職業に選んだ者である。自己教育の課題に不断に取り組んでいる者のみが、他者に対する真の教育力をもつことができる。そうであれば、教師にとって、「生涯を通じての自己教育という課題は、よりいっそう高い意義をもつ」ようになり、一般の人々の場合以上に、特別に重要な意味をもってくる。

ディースターヴェークは、教員養成者として、教師の社会的地位の向上に力を尽くした。それとともに、教師＝教育専門職としての力量を高めること、人間としての人格を磨き続けることを主張した。教師がその職務（教授活動）を遂行するための第一の基本条件は、教える内容に対する教師の認識の問題に関わっている。教師の教授活動とは、子ども自身が対象とする教科・学習内容を主体的に探究・認識しながら、自ら既にもっている知識や技能を発揮・発達させ、自らを自主的・自律的な人間へと形成してゆくことを保証・実現することである。ディースターヴェークは、こうした「教師の使命、教職の遂行」を学校の教育活動の中心においた。

またディースターヴェークは、教師は常に自分が日常の教授活動において接している具体的な子ども一人ひとりのもつ、その時点における経験や知識の量及び質、あるいは子ども一人ひとりが持っている諸力の差異など、いわゆる個性、個人差を教授活動の際に考慮しなければならない、としている。それこそ人間教育の基本中の基本である。

ディースターヴェークは、教師たちに不断の継続陶冶を要求して次のように述べている。「教師の継続陶冶の必要性に関しては多くのことが言われているが、その際に通常、次のような言葉が引き合いに出される。『前進していない者は後退しているのであり、停滞は退歩である』。これ以上に正しい言葉はない。また、おそらくこれ以上に重要な言葉もないであろう。なぜならば、若者の教育者・陶冶者としての教師の全活動（教師としての力量・技能）は進歩しているか否かにかかっているからである。」つまり、不断の自主的な継続陶冶こそが教師としての力量・技能をさらにいっそう形成し、蓄積してゆく上で極めて重要なものである、と彼は考えている。

ディースターヴェークは、教師の自主的集団的な学問・教育研究を通して、自らの専門的力量・技能の質的向上を追求するという教師教育論を主張し、教職の使命を示した。このような考え方は、教育職の根幹・正道にかかわるものとして、彼の教師教育論にはなお学ぶべきことが多い。

（中島朋紀）

◆ディースターヴェーク（Friedrich Adolf Wilhelm Diesterweg:1790-1866）19世紀中期のドイツ・プロイセンで、初等公教育の改善と向上のために尽力した教育者。著作には、『学校の解放』、論稿「自由な国の自由な学校」などがある。教員養成制度の拡充期に、師範学校長として教育界をリードし、国民教育論を展開した。「ドイツのペスタロッチー」と称される。

52　教員の専門性

実に教員は教育行政官よりも、図書の専門家よりも一層高遠なる見識を持し自重自信の精神を以て任に当り、教育の効果は一に自身に存することを深く覚悟せさる可らす。

（澤柳政太郎『教育者の精神』より）

右の言葉は、「まさしく教員は教育行政官よりも、図書の専門家よりもさらに高い見識を持ち、品性を保って自らを信頼する精神で任務に当たり、教育の効果は第一に自分自身にかかっていることを深く自覚しなければならない」という意味である。

これまで色々な場面で教員の専門性が課題にされてきた。例えば昭和時代の高度経済成長期に、いわゆる「でもしか先生」と呼ばれる教員が問題とされたことは有名である。先生に「でも」なろう、先生に「しか」なれないといった、消極的で専門性に乏しい教員が批判の対象になったが、澤柳政太郎の時代にも同様に、教員の社会的評価や地位が問題にされていたのである。

澤柳が活躍した明治・大正・昭和初期は、日本において学校教育制度が確立された時期であり、その中で学校教員もまた職業として確立されていったのである。澤柳の言葉が述べられた明治二八年は、まだ国からの補助金も十分にない状況で、教員給料の未払いも生じていた。義務教育への国庫負担が定められていた戦後の「でもしか先生」の時代に比べても、教員ははるかに不安定な制度の中で職業と向き合っていたのである。それでも、国は徐々に教員養成制度や教科書検定制度といった学校教育の整備に努めつつあった時代に、自らも文部官僚や学校長を歴任した立場から示されたのが冒頭の言葉である。

澤柳は『教育者の精神』において、教育者の資格としてまず学識（見識）を挙げ、次に徳義（人間性）を挙げている。それに続けて教育者は単に教えるだけでなく、人物を育てるべきであると説くのである。教育の成果は教育者によって左右される。そのため、学校の教員は、制度をつかさどる教育行政官や、教科書を手がける図書の専門家以上の見識を持つことが必要な資格であると論じるのである。教員に求められる見識としては、極めて高いと感じられるかもしれないが、それほどまでに教員は重要な職であるという澤柳の信念が見られる言葉とも言える。さらに、その見識に基づく誇りと覚悟をもって、教育の任務に当たるべきであるというのが、彼の教師論であった。

これらは、日々の教育実践の中で自らの使命と専門性を問う際に、心に留めたい言葉である。教員の専門性を高く評価するものであるとともに、教員の地位の向上に努めた澤柳の激励にも似た主張であると考えることができるだろう。澤柳はこの後に、高等学校の校長職を経て再び文部省に戻ると、義務教育年限の延長や学校制度の改革に参画したのである。

◆澤柳政太郎（1865-1927）明治期から昭和初期における文部官僚・教育学者・教育家。幕末に信濃国（現在の長野県）松本に生まれ、帝国大学を卒業して文部省に入省する。文部省を辞職した後に第二高等学校長、第一高等学校長などに就任し、文部省に復帰した後には文部次官を務めた。東北帝国大学総長、京都帝国大学総長などを歴任し、私立成城小学校を創設した。主著に『教師及校長論』『実際的教育学』などがある。（廣嶋龍太郎）

53 自分は賢いと慢心するなかれ

「わたしは愚かである」と認められる者こそ、賢者である。逆に「自分は賢者である」と思っている者こそ、愚者と呼ぶにふさわしい。

（釈迦『ダンマパダ第5章』より）

右の言葉は、自分は能力的にまだまだだ、と自覚ができる人こそ、賢い人である。自分は賢いと信じている人は、実は愚かな人間ではないか、という意味である。

そもそも人間は、神ではないのだから、完璧な人間などいない。向上心について考えても、自分が完璧だと思う人は、努力することを怠ってしまう。自分にその能力が十分あると思えば、勉強する気持ちが起きなくなるのも当然である。

逆に、自分は完璧ではない、「まだまだだ」と自覚し、しかしそれでも、より完全であるように努力するところに、学び、勉強という行いが出てくる。学ぶことの根底には、自分は「まだまだだ」という自覚がなければならない。

ここからわかることがある。それは、釈迦が語るような、真の賢者であるためには、自分自身を客観的、かつ冷静に見つめ、自分自身の実態を認めるまなざしが必要だ、ということである。

自分自身に劣等感があると、能力を欠いた自分を認めることが怖くなるものである。逆に自分にある程度、自信があれば、自分を改善する余裕、それを受け入れる余地が出てくるのが、人間というものである。

心に余裕があってこそ、自分自身を改善していく余地が出てくるのである。この心の余裕は、実は自尊感情とも深く関わっている。

子どもたちも、また教師である私たちも、学び続けるためには、「自分はまだまだ至らない」という謙虚な態度、しかしそれを改善していこうとする前向きの意欲が必要である。そしてそれには、自尊感情が根底になければ、なかなかかなわないことなのである。

弟子に教えをさずけていた釈迦は、弟子たちに自分で考えさせる教育を行った。そのポイントは、ただ単に相手を否定するのではなく、相手の自尊感情を傷つけないようにすることであった。そして彼は、その上で、相手に自覚させ、反省させ、前向きに生きさせるための説法を行っていった。人を見て法を説いた釈迦は、そうした手腕にも長《た》けていた。彼は仏教思想として、一切の苦から逃れるための「八正道」にあたる考えを展開した。つまり、彼は悟りへの道として、正しい「見解」、「考え」、「言葉」、「行い」、「生活」、「努力」、「思念」、「精神の統一」を求めた。それはまさに自己を向上させるための、いわば「学び」の要素であった。

これは、仏教だけでなく、まさに現代の教育にも妥当する「学び」のあり方でもあると言えよう。

◆釈迦（B.C.463頃-B.C.383頃）釈尊あるいはブッダとも呼ばれる。言わずと知れた、仏教の開祖。彼自身の思想は原始仏教に属する。釈迦は、人間が自分を高めていくための生き方を説いていた。そしてこの姿勢は、人々への大きな感化を促した。そのため、釈迦は四聖のうちの一人、人類の教師とも言われている。『ブッダのことば――スッタニパータ』が著名。

（大沢　裕）

column

◆天才型と努力型

人間には天才型と努力型の二つがあるとも言われる。天才は、傑出したすぐれた素質を持つ人物である。努力型は、傑出した素質を持たないものの、コツコツと積み上げながら自身を向上させていく人である。凡人である私たちは、天才に憧れながらも、努力型の肩を持つ傾向にある。天才型と努力型の差というのは、到達結果にあるのではなく、そこに至る過程をどう過ごしたか、にある。ややもすると、私たちは、天才型は努力しなくても、たやすく結果に到達しうるタイプだと認識する。しかし実は、天才型も努力型も、私たちの持つ両極のイメージで、偉人たちも、決して努力を怠ったわけではないことがわかる。

ベートーヴェンの事例がわかりやすい。彼は楽聖とまで言われるが、努力の人でもあった。晩年には聴力を失った。もし彼が努力を怠ったなら、あの第九交響曲が生れることもなかっただろう。彼は、努力を怠らない、不屈の天才である。彼の障がいの克服は、他のハンディで苦しむ多くの人々を勇気づけたと言えるだろう。

教育の場合、元から教師になるべく、傑出した素質をもって生れたかのようにふるまう人物に出会うことがある。けれども多くの場合、それは、その人の育ちの中で培われた資質・能力である。教育が成功する重要な要因の一つに、コミュニケーション能力があるが、その能力は、幼いときからの環境の影響によって培われるからである。

私たち人間の素質は、与えられたものであり、それを覆したり変更したりすることなどできない。私たちの努力は、自身の長所や短所をよく自覚することから始まる。したがって重要なのは、自身が今もっているものを自覚し、不足しているものを補い、長所をなるべく補うことである。教師の姿勢にも、それと全く同じことが言えるだろう。

Ⅷ　教養へ

54 社会に生きる人間として

悪法も法である。

（ソクラテスが言ったとされる言葉から）

「無知の知」と同様、ソクラテスが言ったとされる言葉ではあるが、厳密には似た趣旨の言葉はあるものの、「悪法も法である」と彼が言い切ったものではないとされている。

しかし、プラトンによる『クリトン』では、死刑を受け入れるソクラテスの姿勢が、友クリトンとのやり取りを通して描かれており、単に「法だから従う」といった程度のものではなく、「社会に生きる人間」という視点が冷静にそして非常に力強く語られているのである。それを端的に表したものが「悪法も法である」の一言に象徴されているといえよう。一説ではプラトンの『ソクラテスの弁明』や『パイドン』からの出典とも解釈されるが、おそらく『クリトン』にあるソクラテスの話がより真意を表しているかもしれない。

古代ギリシアのアテネにて、若者たちに対し正しいことを追求する姿勢の喚起に努めたソクラテスは、「若者を惑わした」との訴えにより、裁判にかけられ死刑の判決を受けた。彼の真意や深い思想を理解する弟子や友人たちは、ソクラテスに国外への避難と死刑への回避を強く勧めたにもかかわらず、ソクラテスは冷静に判決の結果を受け入れることとした。クリトンもそうした、不当な裁判結果を受け入れずソクラテスに逃亡を勧める友人の一人であった。それに対しソクラテスは「一緒にそれを考えてみようではないか、善き友よ」と呼びかけ、自身の死刑を受け入れる中で、また「善く生きる」ことを考える上で、何が本質的問題であるのかを問い直すのである。

ソクラテスが、先ず順守したものは、自分が育ち生涯を捧げたアテネの法と社会の在り方であった。そして、その法と社会の在り方を順守することにより、アテネの社会が成立していることを見抜くのである。仮に彼の死刑判決が不当であったことから、法や社会に反発することが許容されるのであれば、誰が今後そうした社会の在り方を支えていくであろうか。そうした一人ひとりの自覚によって支えられている法や社会秩序の「脆《もろ》さ」を理解しているが故に、「悪法も法である」との言葉には「社会の中に生きる人間」としての重みが圧し掛かっているのである。今日において、ソクラテスの死を安易に賛美するものではないが、既に古代ギリシア時代にソクラテスが死を直前に危惧したことは、後にホッブズ（T. Hobbes: 1588-1679）が指摘した「万人の万人による戦い」（自然状態での人々の不安定さを指し、国家の成立とそれに従うことで平和が確立されることを象徴した言葉）といった社会秩序の崩壊と「社会に生きる人間」としての問題意識の喚起であったといえよう。

◆ソクラテス（Sōkratēs：B.C.470-B.C.399）　古代ギリシア・アテネの思想家・哲学者で、キリスト、釈迦、孔子と並び四大哲人（聖人）の一人。今日のような哲学上や教育上で影響を与えた内容に関するものは、彼の中年以降の活躍によるものである。また、ソクラテス自身は著作を残しておらず、多くはプラトンに代表される弟子や当時の人々の記録からまとめられた、ソクラテス像と彼の思想が今日まで伝わっているのが実際である。

（八木浩雄）

55 アジアの中の日本の心

アジアはひとつである Asia is one.

（岡倉天心『The Ideals of the East（東洋の理想）』より）

岡倉天心（覚三）は、福井藩下級藩士の家に生まれ、父は、福井藩が横浜に開いた商館（現在の横浜開港記念会館）の貿易商になったため、幼いころから横浜で英語に親しむ環境で成長した。そのような環境で育った天心は、政治や哲学を教える人として来日したアーネスト・フェノロサの助手を務める。そして天心は、日本の古美術に関心をもったフェノロサの影響を受け、美術に傾倒していく。また、国際社会に精通していくのである。

天心の著書『東洋の理想』は、明治三四年から三五年にかけて、インド各地の仏教遺跡などを巡り、東洋文化の源流を確かめに行った旅で書き上げたものである。インドでは、ヒンズー僧侶スワミ・ヴィヴェカーナンダや詩人ラヴィンドラナート・タゴールと親交を深めた。『東洋の理想』で天心は、インドで生誕した仏教が、儒教国・中国に受容され、それが日本に伝えられ美術と融合し発展する歴史について言及している。そうした中で記された、「アジアはひとつである」という言葉は、何を言わんとしたものだろうか。

アジアは、国の成り立ちや歴史、宗教、文化、政治のあり方などを考えてみても、とてもひとまとめにできる地域ではない。特に日本は、他の国々が大陸であるのとは違い島国であり、仏教や儒教の伝来とともに、アジアの国々の文化も伝えられ、日本の国に合うよう加工され、受容された歴史がある。しかし、明治以降の日本の近代化は、一面ではイコール西洋化でもあった。のちにこの言葉は、政治的な言葉として使われるようになってしまうが、決して現実的な政治的意味で「ひとつ」と言ったわけではなかった。アジアの国々には、それぞれ違う宗教があり、民族がいて、それぞれ独自の文化や歴史があることを、自らアジアを巡ることによって認めたうえで、日本においてそれらが受容され、日本独自の精神や文化に融合した「ひとつ」のあり様を提起したのである。また、東京美術学校設立に貢献した岡倉は、このような考え方で、若者の教育を考えていこうとしたのである。

幼いころから商家に生まれ、西洋人に慣れ親しみ、英語が堪能な天心は、明治近代黎明期に、急速な西洋化の波に呑み込まれていく日本人の一人であった。西洋でこのような主張をした、毅然とした姿勢は、現代人にとって学ぶべきことが多い。また天心の志向は様々なアジアの文化を受容し融合して自国の文化とする日本の、国際社会における役割について考えたものである。このような考え方は、現代の日本の国際外交や教育に、多くの示唆を与えるものであろう。

◆岡倉天心（覚三）（1863-1913）思想家、文人。東京美術学校（現・東京藝術大学）設立に大きく貢献した。福井藩下級藩士の子として生まれ、父が藩命で横浜の商館「石川屋」の貿易商となり、横浜居留地で英語に親しむ。東京開成所（現・東京大学）で政治学・理財学を学ぶ。同校講師アーネスト・フェノロサの助手となり、フェノロサの影響で日本古社寺の美術品収集を通して、美術に傾倒していく。『東洋の理想』は明治三六年にロンドンで刊行。

（冨澤美千子）

56　古典を学ぶ意味

重要なことは、けっして使い尽くすことのない資本をつくることだ。

（『ゲーテとの対話』の中のゲーテの言葉より）

九年に及ぶ老ゲーテと、若きエッカーマン（J.P.Eckermann：1792-1854、ドイツの詩人・作家）との会話をまとめた著者にある言葉。ゲーテを敬愛し、彼の下で仕事を手伝いつつ、詩や文学についての助言を受けていたのがエッカーマンである。彼は、様々な文学的な仕事の依頼も意欲的かつ積極的に引き受け、また自身の実力を高めようと努めていた。そうした彼に対しゲーテは、エッカーマンの引き受けている依頼について、時に賛成・応援し、時に反対し、「その申出には断わり状を書きたまえ。君の進路にふさわしくない」とまで言い切っている。ゲーテが、エッカーマンに文学上学ぶことを薦めているものは、古典であったり自身の経験に基づく知見であった。一方、あえて反対しているものは、エッカーマンが文学を学ぶ上で、基礎の固まっていない分野に手を伸ばしている場合である。そうした中での冒頭の言葉は、ゲーテがエッカーマンに対し、こうした是非の判断を下している際の意図を伝えたものである。

ゲーテ自身、多彩な業績・著作もあるのだが、この『ゲーテとの対話』の内容は、エッカーマンとの他愛もない言行録に止まっていない。そこには、彼に対しての教育的な関わりが随所に見られ、ゲーテの文学を志す若者に対しての教育者的姿勢を垣間見ることができる。文学研究に対して「古典」や「偉大な作品」を基礎基本と位置づけ、これらを先ず学ぶことを指摘した言葉である。その姿勢は教師ゲーテの姿と言い換えてもよいであろう。

将来を見すえ、様々な事柄や知識を学ぶことは大切である。その一方、「基礎基本」となるものを徹底的に学ぶ大切さは、これまでも教育の場で何度も指摘されてきた。しかし、学び続ける場合、様々な知識に幅広く触れることができる利点をあげることはたやすい。しかし、あえて、その人にとって、「今の学びの本質からずれている」ことを指摘することは、なかなか難しく指摘しにくい部分でもある。それは、本人がとりあえず意欲的に学んでいる姿勢であることを尊重し、その意欲を削ぐ恐れがあることへの配慮にも通じているのかもしれない。それでもなおゲーテは、「辞めなさい」と止める姿勢を示している。「使い尽くすことのない資本」とは、単に様々な事を見知っている知識の量のことを言っているのではない。ぶれずに地道に固めた基礎基本によって安定した「理解の深まり」が可能となること、それを自身の経験から導き出した、一つの指針の表れでもあると言えよう。

その人にとっての基礎基本の徹底を考え、学ぶ内容に対し時に辞めることを述べたゲーテの姿勢には、厳しさと（教育上の）やさしさが込められ、この言葉へとながっているのである。

◆ゲーテ（J.W.von Goethe：1794-1832）ドイツの文豪であり政治家。主な作品に『若きウェルテルの悩み』『ヴィルヘルム・マイスターの修業時代』『ヘルマンとドロテーア』『ファウスト』等がある。ヴァイマール公国にて政務に携わり、文学上ではシラーとの交流が深く、両者は、ドイツ文学の「シュトゥルム・ウント・ドラング（疾風怒濤）」運動の代表でもある。

（八木浩雄）

57 自己表現としての言葉

詩的表現の美とは「言語の束縛のうちにおける、自然の自由な自己行為なのです」。

（シラー『カリアス書簡』より）

シラーの『カリアス書簡』は、一七九三年一月から同年二月にわたって、彼と友人のケルナー（C.G. Körner：1756-1831）の間で交わされた手紙のうち、特にシラー側のものである。ケルナーとの手紙ではあるが、その内容は美についての見解を述べたものであり、シラーの美学に関する思想がまとめられたものである。右のシラーの言葉は、書簡の最後で、まとめた中にある。この手紙自体は中断されたものの、ここまでのやり取りの中での、一つの区切りとして述べている。また、彼の美的教育に関する考えをまとめたものには、『人間の美的教育について』がある。シラーにとって、詩や小説・戯曲などで描かれる「美的な表現」は、単なる作品としての素晴らしさや芸術としての価値に止《とど》まるものではなかった。それは、全ての人にとっての、また現実的な社会を形成していく上での重要な役割を持つものであった。「人間は美とはただ遊ぶべきであり、しかも美とだけ遊ぶべきです。〈略〉人間は、文字通り人間であるときにのみ、遊ぶのであり、遊ぶときにのみ、完全に人間なのです」というのがシラーの美的教育に関する思想の一端である。

現在、例えば幼児教育の五領域の中に「表現」の内容がある。それは「音楽表現」「造形表現」「身体表現」そして「言語表現」に関わる内容が扱われている。幼児期は、「言葉の獲得」にとって重要な時期である。幼児は、様々な言葉の持つ役割を、自らが「気づき」身に付けていく。そうした中で、自らの考えや思いを言葉で表現することを学んでいく。特にこうした幼児期の子どもの発する言葉の表現は、大人では気付かない新鮮なものも多い。「子どもから教えられる」と、私たちは理解している。しかし、シラーの詩的表現の持つ美に対する指摘は、「自由な自己行為」としての「言葉の扱い」を強調しており、むしろ教師をはじめ大人の側の私たちが、子どもたちに比べて「見落としている」点なのではないだろうか。大人は語彙を多く持つことから、逆に子どもの持つ素朴さや素直な表現に気付かされている。程度の差こそあれ、子どもの言葉へ向かう私たちの目線は、他人とのコミュニケーションと意思伝達手段としての役割に偏りつつある。それは、言葉を通しての（自己表現の中での）「自由の放棄」を大人が子どもたちに見せている事なのかもしれない。つまり、言葉による表現の「自由の放棄」とは、一見様々な言葉を駆使して表現できるように見えるが、実際は容易な言葉に置き換えて自分の表現を簡単な単語に置き換えてしまっている状態を意味しており、私たちが教育を考える上で気を付けなければいけない点の一つである。シラーが文学を通し「言葉の表現」について考えた点は、人間を「自由な存在」として捉える視点に通じている。

◆シラー（F.von Schiller：1759-1805）ドイツの詩人・劇作家、歴史学者、思想家。著書に『群盗』『ドン・カルロス』があり、日本ではベートーヴェンの第九交響曲の歌詞「歓喜の歌」の作者でも知られている。ゲーテと並ぶ「シュトゥルム・ウント・ドラング（疾風怒濤）」運動の代表的人物でもある。また、イェーナ大学にて歴史学担当教授として教壇にも立った。

（八木浩雄）

58　原典に学ぶ姿勢

熹《き》竊《ひそ》かに、古今聖賢の、人に学を為すことを教ふる所以《ゆえん》の意を見るに、之をして義理を講明し、以《もっ》て其の身を修め、然《しか》る後《のち》推して以て人に及さしむるに非《あら》ざる莫《な》し。

（山崎闇斎《あんさい》『闢異《へきい》』より）

右の言葉は、私がひそかに、昔の聖人や賢人が人に学問をすることを教えた意味を考察したところ、それらはすべて人々が物事の正しい筋道を研究し、それによって自分の行いを正しくし、それを他の人々に普及させるものであった、という意味である。

ここでの聖賢とは、古代中国の聖人賢人である。山崎闇斎は、朱子の教えを要約した「白鹿洞書院《はくろくどうしょいん》掲示」の引用文を例に挙げて論じている。それは、「父子に親あり、君臣に義あり、夫婦に別あり、長幼に序あり、朋友に信あり」といった儒学の古典『孟子』に登場する五教などの説明であり、古典を正しく引用して学問や教育を論じる内容である。朱子学者であった闇斎にとっての学問は、人の人たる道、聖賢に至る道を修め、自己を完成することであり、引用文はそのための基本的な古典である。しかし、闇斎はこれに続く文章で、江戸時代当時の学問をする人々が過去の古典を学ぶ意味を十分に理解していないことを嘆く。そして、志のある者は、「白鹿洞書院掲示」のように過去の経典を正しく読み取って考え、究明すべきであると説くのである。

闇斎の時代、儒学の中で朱子学が盛んになったが、朱子の著作は難解であったため、当時の日本の儒学者たちは中国の朱子学注釈書（解説書）から学んで解釈することが多かった。闇斎はそういった風潮を批判して、朱子の著作に直接基づいて行う学問のあり方を追究したのである。彼はひたすら朱子当人の学問に忠実であろうとし、自らが学んだ朱子の学説を、平易に口述した講義で丁寧に解説した。つまり、冒頭の言葉のように、闇斎は徹底的に原典を研究して我が身に修め、それを他の人々に普及させたのであった。講釈と呼ばれたこの講義は、闇斎の弟子たちの間で継承されていったが、いわゆる一斉教授法による学習者の自己活動を制限する姿勢を伴ったために、他の儒学者から大いに批判も受けた。

　われわれは各専門領域における古典や歴史的事実を学ぶ時、安易な解説文ばかりを求めたり、今日の語りたい事象に合わせた曲解をしてはいないだろうか。それらを学ぶ意味は人それぞれであってよいが、過去の事実を十分に検討しないことで原典と異なった恣意的な解釈をしてしまう危険性は教師の仕事の中に常に潜んでいると言えるだろう。闇斎は、日本思想史上極めて著名な人物であるが、その著作のほとんどは膨大な古典からの引用で構成されている。闇斎の態度は必要以上の厳密さをもって、われわれに原典に学ぶ姿勢を示していると考えることができるのである。

◆山崎闇斎（1619-1682）江戸時代の儒学者・神道家。初め僧として妙心寺に入り、後に土佐吸江寺《ぎゅうこうじ》に移ると谷時中《たにじちゅう》に朱子学を学んだ。僧を辞めて儒学者として立とうとしたため土佐を追われて京都に帰り、家塾を開いた。厳しい学風で知られ、門人の数は六千人とも伝わる。吉川惟足《よしかわこれたり》に吉田神道の伝を受け、朱子学などを取り入れた道徳的要素の強い垂加神道《すいかしんとう》を創始した。主著に『文会筆録』などがある。

（廣嶋龍太郎）

59 大学での学び

学問の純粋理念に仕える場合にのみ、その目的を達成できるのだから、孤独と自由とが関係者を支配する原理である。

（フンボルト「ベルリンにおける高等学術施設の内外の組織について」より）

今日でいう大学の在り方を指し示した、いわゆる「フンボルト理念」である。ベルリン大学の創設時（当時はまだ「高等学術施設」と称された）にフンボルトが意見書で明らかにした言葉である。表現として、やや難解ではあるが、大学という場所は、教師と学生が学問・研究に対して、「まだ解明されていないもの」に対して共に向き合うことを表している。そして学問上の「平等」そして「自由」は、実は「孤独」な立場でもあることを指摘したものである。

当時のプロイセンは、ナポレオン（NapoléonⅠ：1769-1821）との戦争に負け、国力回復を図るべく内政改革（プロイセン改革）が国家として推し進められている時期であった。そうした中、フンボルトは宗教・教育局長官として、教育改革に携わることとなった。フンボルトは国家再建のための大学像を、従来からある大学と同じようなものとすることはなかった。むしろ、新たなものとして作り上げることをイメージしたのである。大学で育成すべき人間像は、「人間が具《そな》えているあらゆる能力を、（自分らしさと世界につながる）個性にまで発展させる」ことであり、人間性への教育であった。それは、専門的な職業準備教育といったような具体的な技能等を習得させていくものではなかった。人間を職業という特定の領域に限定するのではなく、先ず一般的な人間としての形成を目指し、学問・研究へ向き合うことを通して、それを進めていくことを、新たな大学教育に期待したのである。

フンボルトは、学問または研究を通して、自身の人間としての形成が図られることとともに、その延長として、自由である個人の発展を期待している。したがって、ここで言う「孤独」とは決して消極的で否定的な意味を持つものではない。「個としての存在」は孤立しているのではなく、一人ひとりの活力（エネルゲイア）としての光のような存在であることを、冷静に見据えた意味での表現と見ることができるのである。なおフンボルトが宗教・教育局長官としての在任期間は、僅か一年程のことであった。

私たちは、学ぶ内容や勉強する対象、または教育内容そのものがより具体的であり、明確であることを期待している。しかしフンボルトの言葉は、学ぶという活動そのものに、人間としての形成の意義を見出している。またそこへの徹底を強調している。現在、学校教育では、資格やキャリア教育を重視する傾向が強い。アクティブ、ラーニングや生きる力の重視は、フンボルトの視点に近いものがある。しかし、フンボルトが指摘する「学ぶ」ことに対しての意義や、「まず人間としての形成」に注目する姿勢は、今こそ改めて考えてみる必要のある視点なのではないだろうか。

◆フンボルト（W.von Humboldt：1767-1835）プロイセンの言語学者・政治家。主な著作は、『国家活動の限界を決定するための試論』『言語と精神　カヴィ語研究序説』等がある。思想的には、ドイツ新人文主義（ネオ・ヒューマニズム）思想の一人と位置付けられており、またゲーテやシラーとも親交が深かった。地理学者であるフンボルト（A.von Humboldt: 1769-1859）は彼の弟である。

（八木浩雄）

60 多面的に世界を捉える

桃太郎が、鬼ケ島に行きしは、宝をとりに行くと言えり。けしからぬことならずや。（中略）宝を獲りて家に帰り、おじいさんとおばあさんにあげたとは、ただ、欲のための仕事にて、卑劣千万なり。

（福沢諭吉『童蒙おしえ草 ひびのおしえ』より）

福澤は、『学問のすすめ』で知られる。そこでは、「実学」（盤、簿記、地理、歴史、物理、経済学など）を挙げている。これより、日常生活や商売を営む上で必要な知識の修得と、日本と世界の状況や自然の道理を正しく把握することを勧めている。また、情報を正しく取捨選択する能力を一人ひとりが身につけることで、人々が自分で考え判断し行動することの重要性を説明している。つまり、近代の国民に求められれる「一身独立」により「一国独立」が成り、それは学問の有無にかかっていると福澤は考えた。さらに、『文明論之概略』では、文明人は智・徳を調和的に発展させた人間であるとした。

智（知識）は「学校教育」で養成し、「徳（道徳性）」は家庭で養成すべきであると、その重要性を説いた。この考えに立ち、家庭での道徳教育を重んじ書き記したのが、右の『ひびのおしえ』（ひゞのをしへ）である。彼が子息の一太郎と捨次郎の兄弟のために、一日ごとに書き、家訓として説いた教訓集である。それは、イギリスの『モラル・クラス・ブック』をもとにした子ども向けの著書と言われている。冒頭の文は、その中にある「桃太郎盗人論」と言われる内容である。

一般に多くの人が知る童話『桃太郎』は、桃太郎が村を救い、鬼を退治した英雄と称えられ、正義の象徴として語られている。一方、鬼は鬼ヶ島に住むというだけで単純な悪役にされる。その中で、福澤は、桃太郎が本当に英雄なのか？鬼ヶ島に行って宝を持ち帰ってきたことは賞されるのか？を子どもたちに問いかけている。卑劣千万という言葉の表現は、少々、過激ともとれる。しかし、それほどまでに『桃太郎盗人論』が伝えようとしたことは、情報の一面だけに捉われすぎる危険性への警告である。物事を多面的に見ることの大切さは頭では分かっていても、情報が溢れる今日において、私たちはそれらを疑うことなく信じ込んでしてしまうことはないだろうか。

例えば、教科書に書かれる人間の発達段階についてもその内容のすべてが正しいとは限らない。時代の変化のなかで科学は進歩し文化も変化する。教育を志す上で、学び続ける姿勢は重要である。その上で得られる知識（智）は、物事をただ覚えることではなく、様々な知識より多面的に物事の真実を探求するために用いられるべきであろう。福澤が、「桃太郎」という童話を通し、子どもへと向けたメッセージは、今、子どもらを取り巻き導く教育の場（家庭、学校、社会）の大人へと向けられている。世界の「当然」を疑い広く柔軟な視野をもつことの大切さを。

◆福沢諭吉（1835-1901）日本の武士（豊前中津藩士）・蘭学者・啓蒙思想家・教育者。慶應義塾（現在の慶應義塾大学）の創設者である。また、専修学校（専修大学）、商法講習所（一橋大学）、土筆ヶ岡養生園（北里研究所）、伝染病研究所（東京大学医科学研究所）など多くの高等教育機関、研究機関の創設にも尽力した。また、一万円紙幣の肖像として描かれている。主著に『学問のすすめ』『文明論之概略』『西洋事情』などがある。（山田徹志）

column

◆教育する旅

私たちが先人から知恵を授かり、教育者として生きていくのは、旅の仕方が記された本を携えて、世界に歩みだす旅人に似ている。その本には、なるほど道しるべになるものを見つける方法、歩き、移動する工夫が書かれてある。しかし地図そのものが掲載されているわけではない。

先人の知恵を身につけることは、単なるハウツーではなく、教養を習得することである。教養は、英語ではculture でありeducation である。なんと意味深長な言葉だろうか。

教養は、自身の所属する文化の蓄積を学ぶことであり、かつまた教育を受けた結果である。私たちは、ややもすると、人が知らなかったかのような知識をひけらかす人を「教養人」と呼ぶことがある。しかしもし単に人を驚ろかせるだけで、他に役に立たない知識であれば、その知識は、その人を慢心させるだけ、かえって有害だとさえ言える。

教育者の教養というものがもし考えられるとすれば、それは、先人の知恵を授かりながら、教育を繰り返す中で、自身の教育の仕方を振り返り、その成果を自身の糧として生かしていく態度、姿勢、その支柱となるものであろう。

学び方を学ぶことで、人間は、継続的に学び続けていくことができる。それと同じように、教育の仕方を工夫し改善する姿勢があれば、教師は、おそらく想定外の事態にも、屈することなく対応することができる。そしてその障壁を乗り越え、子どもたちを教育することの喜びを十分味わうことが可能になるであろう。

先人の知恵を自分のものとし、教育することの神髄を味わい尽くす旅には限りがない。そして、そうした旅に出ることこそ、教育を志す者の本懐に違いない。

あとがき

本書の刊行にあたっては、現場の先生方の励みの書となるよう工夫を加えた。筆者全員は、まず原稿の素案ができた段階で現場の先生に直接読んでもらい、意見を聞き、それを反映する作業を行った。本書は、その意味で、通常の著書以上に多くの教育実践者の生の声を反映したものである。

本書の刊行に際して、谷田貝公昭先生（目白大学名誉教授）は、要所にわたって的確な指示を与えてくださった。そして一藝社の菊池公男会長は、本書の着想段階から、企画・執筆・編集・校正すべての段階にわたり、全体を見渡し、高い見地から全力で私たちをリードしてくれた。実際に編集を手がけたのも菊池会長である。さらに小野道子社長は、本書の刊行のために、身を粉にして尽力してくれた。一藝社のスタッフの皆さんは、各立場から私たちに力を貸すことに労を惜しまなかった。

特に大学の専門テキストでもない本書の刊行に、敢えてゴーサインを出したくださった一藝社の決断と姿勢に、心より敬意を表したい。

平成三十年十二月

編著者　大沢　裕

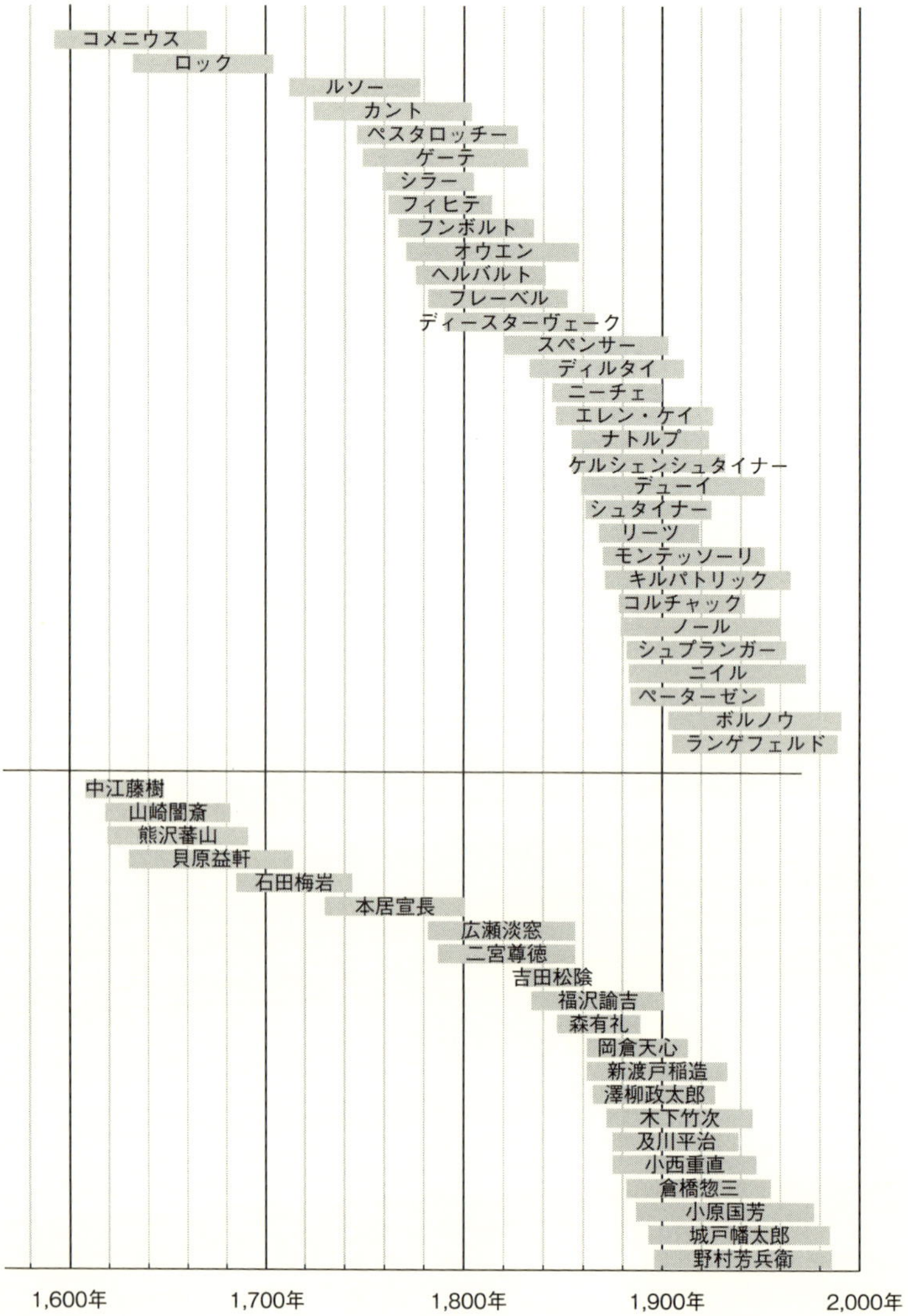

（アミ掛部分は生没年を表している）

■附・教育家60人の年表

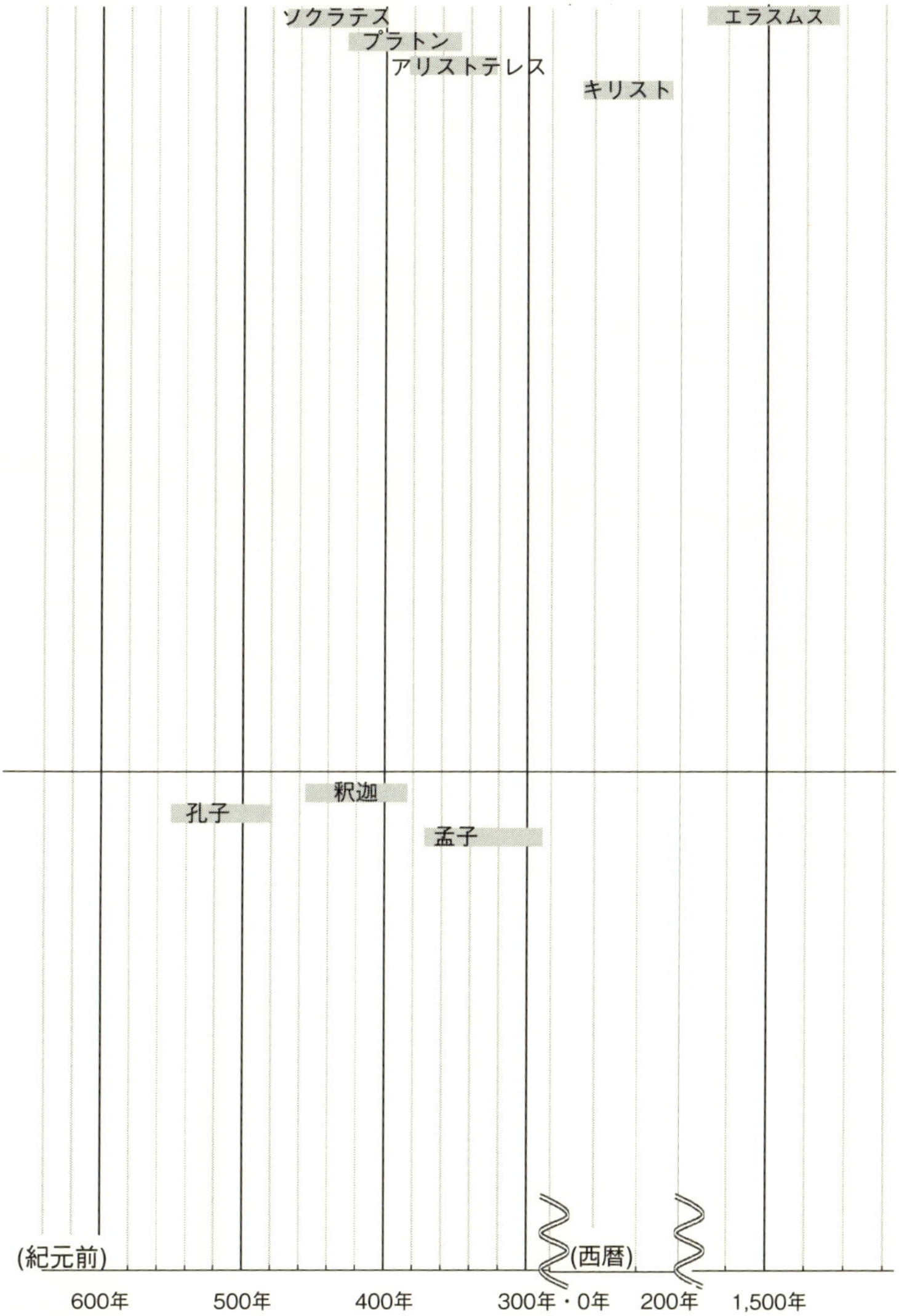

■橋本樹作成

[編著者紹介]

大沢　裕（おおさわ・ひろし）（コラム（column）担当）
松蔭大学コミュニケーション文化学部教授

[主要著書]
『ペスタロッチー・フレーベル事典』（共著、玉川大学出版部、2006年）
『幼稚園と小学校の教育―初等教育の原理』（共著、東信堂、2011年）
『コンパクト版　保育内容シリーズ・言葉』（単編・共著、一藝社、2018年）
ほか多数

[執筆者紹介]（五十音順）

今井康晴（いまい・やすはる）　東京未来大学こども心理学部専任講師

冨澤美千子（とみざわ・みちこ）横浜美術大学教職課程教授

中島朋紀（なかしま・とものり）鎌倉女子大学短期大学部准教授

野末晃秀（のずえ・あきひで）　松蔭大学非常勤講師・中山幼稚園園長

廣嶋龍太郎（ひろしま・りゅうたろう）明星大学教育学部准教授

藤田寿伸（ふじた・ひさのぶ）　昭和女子大学非常勤講師

八木浩雄（やぎ・ひろお）　武蔵野短期大学専任講師

山田徹志（やまだ・てつじ）　玉川大学脳科学研究所研究員

教育の知恵 60
教師・教育者を励まし勇気づける名言集

2018年12月25日　　初版第1刷発行

編著者　大沢　　裕

発行者　菊池　公男

発行所　株式会社 一 藝 社
〒160-0014 東京都新宿区内藤町 1－6
TEL 03-5312-8890
FAX 03-5312-8895
振替　東京 00180-5-350802
E-mail : info@ichigeisha.co.jp
HP : http://www.ichigeisha.co.jp

印刷・製本　モリモト印刷株式会社

ISBN978-4-86359-187-5 C3037
乱丁・落丁本はお取り替えいたします